中公新書 2145

中林伸一著

G20の経済学

国際協調と日本の成長戦略

中央公論新社刊

はじめに

本書では、二〇〇七年以降の世界金融危機の中で求められている国際政策協調について検討する。検討の対象とするのは、為替政策や経常収支不均衡の是正策、金融危機への対応策や防止策、新興国への資本流入に対する政策対応、開発問題、そして経済協力である。国際的なフォーラムとしては、G7（日、米、英、独、仏、伊、加）の財務大臣・中央銀行総裁会議とサミット、およびこの七か国にロシアを加えたG8サミット、さらに、これに新興国等を加えたG20サミットを扱う。これらの討議においてはIMF（国際通貨基金）が重要な役割を果たしているので、それも検討対象とする。

政策協調は従来、主要先進国の間で世界経済の運営について討議するものであった。しかし、今回の世界金融危機を契機として、世界経済のガバナンス（統治）の構造は大きく変化した。主要先進国に新興国を加えたG20サミットが第一のフォーラムとなったのである。こうした変化に我が国はどう適応すべきであろうか。日本経済の復活と力強い成長へとつなげる方策について考えたい。

二〇一〇年秋の尖閣諸島をめぐる一連の動きは、国際社会において我が国が置かれている厳しい現実を明らかにした。中国は、観光客の渡航中止から、レア・アースの輸出停止にいたるまで、多種多様なカードをちらつかせて我が国を揺さぶろうとした。こうした中国リスクにも動じないようにするためには、世界における我が国の立ち位置を確認した上で、独自の戦略を策定し、主体的な経済外交を展開していく必要がある。

第1章では、まず、政策協調とは何かについて論じる。

次に、政策協調を議論するための基礎知識として、為替レートや経常収支に関するマクロ経済理論の基礎について解説する。それを踏まえて、一九八〇年代以降日米間で生じた経常収支不均衡を分析する。また、不均衡の解消を目的としてとられた政策協調について、その有効性を批判的に検討する。

その後、金融の自由化・グローバル化が進展したことにより、世界経済の構造変化が起こり、新興国がその重みを増した。それとともに、国際資本移動が増大し、対外不均衡もグローバルな広がりをみせるようになった。そして、世界金融危機を受けて、米中の経常収支不均衡の是正が喫緊《きっきん》の課題となった。この問題を、一九八〇年代以降の日米貿易摩擦と比較し、両者の間の類似点と相違点を明らかにする。

さらに、G20におけるグローバル・インバランス（世界的対外不均衡）の是正に向けた政策協調が、我が国にどのような影響を与えるのか、我が国はこの議論にどのような貢献ができるかを考察する。具体的には、人民元の切り上げと中国の内需拡大の方策、そして米国の貯蓄不足の問題を中心として分析する。

その上で、G20の限界を取り上げる。その有効性を高めるために、参加国を絞った新たなフォーラムを創設できるかどうか検討する。その際には、中国の政治構造の特殊性や人民元の国際化が、問題の帰趨《きすう》を左右する鍵となるだろう。

第2章では、世界金融危機と政策協調を考察する。

この世界的な危機を受けて、金融システムのメルトダウンを食い止めるため、応急処置が国際的に協調してとられた。また、一〇〇年に一度といわれる経済危機に対処するため、財政・金融政策をはじめとする広範な政策協調が試みられた。

ここで注目すべきは、大恐慌の再来の恐怖が遠のくと同時に、政策協調の推進力が失速してしまったことである。また、新興国の経済パフォーマンスが先進国の経済パフォーマンスを上回るようになり、それが、通貨戦争と呼ばれる両者の政策上の対立を引き起こした。その背景と我が国への影響、そして我が国の金融・為替政策のあり方について検討する。

積極的な財政金融政策によって二〇〇九年末までに、世界の景気がいったん回復すると、財政再建が喫緊の課題となった。これは、先進国において破綻《はたん》の危機に瀕した金融システムを守るため、公的資金の注入策や財政刺激策がとられ、財政赤字が急増したためである。民間金融部門の無謀な対外借入と融資拡大によって膨らんだバブルが崩壊すると、政府が救済に乗り出さざるをえなくなった。これにより、民間部門のリスクが政府部門のリスクに付け替えられることになった。

二〇一〇年五月にEU（欧州連合）とIMFの支援パッケージがまとまり、いったん小康を得たギリシャ問題は、二〇一一年春以降、再燃し悪化を続けている。ギリシャの債務危機は、ギリシャに対する債権を抱える欧州全域の銀行部門の金融不安に飛び火し、スペインやイタリアの国債の格下げと国債金利の上昇をもたらしている。債務危機と銀行危機の悪循環が始まっている。

ユーロは導入以来最大の危機に直面しているが、厳しい不況下で進められる苛烈な財政緊縮策に対するギリシャ国内の反発と、放漫財政を続けてきたギリシャを救済するために自らの税金が使われることへのドイツ等の反発がぶつかり合って、政治的な解決は難航を極めている。

ギリシャの突然のデフォルト（債務不履行）が、第二のリーマン・ショックとなって、世界経済を大混乱に陥れるのを防ぐために、ユーロ圏諸国、G7、IMF、G20の緊密な政策協調が求められている。

第3章では金融・通貨危機の再発防止のために、地球規模の協力が必要になってきていることを論じる。国際金融システムを強化するために、グローバルな加盟国によって構成されるIMFが果たしうる役割について検討する。

今回の金融危機は、金融システムが最も先進的であり、金融の規制・監督の模範とされてきた欧米諸国から起こった。そのため、国際通貨制度の番人であるIMFもそのリスクに対して事前に十分な警告を発することができなかった。なぜ、世界の最先端を走っていたはずの欧米の金融のプロや政策当局者、そしてIMFは盲点を突かれたのだろうか。そこには、マクロ経済と金融の複雑な相互作用が働いている。

IMFによる政策監視には、世界経済のリスクを早期に発見し、各国に政策変更を求める役割が期待されている。しかし、今回、世界金融危機にいたる過程を検証してみると、IMFはこの重要な機能を果たせていない。何を間違ったのだろうか。失敗の本質を突き詰めていくと、IMFの組織的な特徴が浮かび上がる。

次に新興国への急激な資本流入に対する規制の問題を取り上げる。金融市場が未発達の新興国に巨額の国際資本が流入すると、資産市場にバブルを発生させる。そして、それがいずれ破裂すると資本収支型危機につながる。こうした二一世紀型資本収支危機に翻弄《ほんろう》された新興国では、資本取引規制によって自衛する動きが広がっている。

足元では、ユーロ不安や米国の景気減速への懸念から、新興国から資金が流出する動きがみられている。金融危機防止の観点から、資本取引規制を経済政策のメニューの中に、どう位置付けるべきか検討する。

さらに、バーゼルで議論されている金融規制改革に関する政策協調の動きを取り上げる。今回の規制強化は、金融危機の震源地である欧米諸国の金融システムの問題を念頭に置いて設計されている。我が国の金融機関がその巻き添えになって、過剰規制を課されることのないように注意が必要である。

最後に、第4章では、世界経済の構造変化を受けて、途上国・新興国経済がどう変貌しているか、その変化に日本としてどう適応していくべきかについて考える。今回、世界金融危機は途上国経済に大きな影響を与えた。今回、米国や欧州など主要な先進国が危機に揺れる中、途上国支援の前面に立ったのは、世界銀行(国際復興開発銀行：IBRD)やIMFといった国際金融機関である。G20のロンドン・サミットでその戦略が打ち出された。

また、今回の特徴はブラジルとインドが、世界的な景気後退の中で、堅調な動きをみせたことである。両国の対応を、為替政策や資本取引規制を含め検証する。また、韓国の通貨ウォンがなぜあれほど安くなるのか、その背景を分析し、我が国への影響について論じる。

次にアフリカの変化を取り上げる。これまで援助に依存した貧困大陸とみられていたアフリカは、成長の大陸、資本主義の最後のフロンティアへと変貌しつつある。

そこで、世銀、経済協力開発機構（OECD）の開発援助委員会（DAC）、G8サミットを舞台とした先進国の政策協調がどのような役割を果たしたのか検討する。被援助国と援助国（ドナー）側とのパートナーシップによって、貧困削減を目指す戦略と援助協調について解説する。

こうした援助協調の動きに波紋を広げているのが中国のアフリカ援助である。中国はアフリカの豊かな資源を獲得するため、援助・貿易・投資の三位一体で、なりふりかまわず経済進出している。中国の経済進出の実態とその背景を分析する。

中国が国策として資源確保に走るのを、我が国としてもただ傍観しているわけにはいかない。官民一体となった対応が急務である。

途上国とウィン・ウィンの関係を築くことによって、我が国の成長に活かしていく工夫が必要である。アフリカにおいても我が国の開発援助は高く評価されているが、直接投資の点では大きく出遅れており、我が国に対する投資拡大の期待は高まっている。ここでも、援助と貿易、投資の有機的連携と官による民の強力な支援が必要である。

目　次

第２章　世界金融危機と政策協調　65

第3章 金融危機の防止と政策協調　125

G20の経済学

第1章　政策協調と対外不均衡

I——政策協調の経済学

政策協調とは何か

政策協調とは、主権国家同士が共通の目標のために、自国の政策に何らかの調整を行うことである。共通の目標としては一般的には、世界経済の均衡ある持続的な成長や国際通貨制度の安定といったことが掲げられることが多い。政策協調が世界で注目されるようになったのは、一九八五年九月にニューヨークのプラザホテルで、日、米、英、西独、仏の五か国による財務大臣・中央銀行総裁会議（G5）がドル高是正に合意してからである（小林正宏・中林伸一『通貨で読み解く世界経済——ドル、ユーロ、人民元、そして円』中公新書、二〇一〇年、一八四ページ参照）。

政策協調が必要とされるのは、国際的な経済の相互依存のために、一国の政策の効果が国境を越えて他国に及ぶためである。たとえば、米国が財政刺激策をとって内需が拡大すれば、日本から米国への輸出が増大する。同時に米国で金利が上昇し、そのためドル高円安になる場合には、日本の輸出はさらに増加する。一方、日本が金融緩和を行って円安ドル高になる場合には、米国の対日輸出は減る。ただし、金融緩和によって、日本の物価が上昇すれば、実質為替レート（一ドル一〇〇円といった名目為替レートを、内外の物価水準で調整したレート：価格競争力を表す指数）でみれば、米国製品の価格競争力は低下せず、そのため対日輸出は影響を受けないかもしれないし、日本で実質金利の低下や円安を受けて好景気になれば、その分、米国からの輸入が増えると予想される。

マクロ経済学では、消費、投資、政府支出といった需要項目が国民所得を決定するメカニズムを扱う。そして、外国との取引がない経済のことを閉鎖経済という。これに対し、外国との間で貿易や資本取引が行われる経済を開放経済という。前記の例では、米国や日本がとった政策が、相手国が直面する価格や金利に無視できない影響を与えている。これを、経済学では、「大国の仮定」という。これに対し、経済規模が世界の中で無視できるくらい小さいため、自国の行動が世界金利や財の世界価格に何ら影響を与えないことを「小国の仮定」という。小国は、世界金利や世界価格を所与として（プライステーカーとして）、最適化行動をとる。これは経済学における完全競争のもとでの、最適化行動と同じである。すなわち、経済学的に国家のマクロ政策の戦略的なかけひきが問題になるのは、大国同士の間のみである。

主権国家はそれぞれインフレを悪化させない範囲（先進国では、二％程度の、低くはあるがプラスの水準で安定させることを目標とするのが一般的）で、自国の失業率をなるべく低くする（自然失業率あるいは、完全雇用失業率と呼ばれる）ことを目標として、マクロ政策を運営する。この時、大国同士の間で問題になるのが、為替レートと経常収支である。日本が米国との間で為替レートを切り下げて円安ドル高にするためには、必ず、米国では為替レートが切り上がってドル高円安にならなければならない。そして、両国が大国であるために、それを通じて、両国経済が相互に影響を与え合うのである。

為替レートの変化は価格競争力の変化を通じて、輸出入を増減させ、経常収支に影響を与える。経常収支の黒字は自国の総需要を増大させ、自国の所得と雇用を増大させる。ここで注意すべきなのは、こうしたメカニズムで雇用が増大するのは、経済の中に、働きたいのに働けないという意味での非自発的失業が存在している場合であるということである。すなわち、賃金の下方硬直性（賃金カットが起こらないこと）のために、賃金カットによって労働需要が増大し完全雇用が達成されるという価格調整のメカニズムが働かない場合である。

G５は大国間で協調的な政策運営を行う場として、一九七三年以来、開催されるようになった。一九七三年というのは、一九七一年にニクソンショックで固定相場制が崩壊した後、新たな平価で固定相場制を再建しようという試みが最終的に断念され、主要国通貨が、変動相場制に全面的に移行した年である。この時以来、主要国間で、為替レートや経常収支について協調的行動をとる必要が生じたのである。そして、同じく一九七三年にはオイルショックが起こり、石油価格が四倍に跳ね上がって、世界経済をスタグフレーション（スタグネーション〔不景気〕とインフレーションが同時に起きている状態）に突き落とした。そこで、首脳レベルで、経済問題を討議するため、一九七五年に初めて、日、米、英、西独、仏、伊の首脳がフランスのランブイエで主要先進国首脳会議を開催した。翌年以降、カナダを加えて、毎年Ｇ７サミットが開催されるようになった。

Ｇ７（七か国財務大臣・中央銀行総裁会議）はプラザ合意の翌年一九八六年五月、東京サミットにおいて、サミット参加国間で政策協調を行う場として設立された。Ｇ７は春秋のＩＭＦ（国際通貨基金）関係の会議の機会に加え、冬にも開催されている。Ｇ７においては、マクロ政策のサーベイランス（政策監視）、為替政策、国際通貨システムの安定、開発問題のほか、国内金融問題など幅広い政策課題について議論が行われている。

国内総生産は付加価値の合計額

国内で生産される付加価値の総額を国内総生産（ＧＤＰ）と呼ぶ。付加価値で生産額を集計するのは、生産物の価値を単純に集計すると最終生産物の価値に含まれている原材料や中間生産物の価値が二重、三重に加算されるためである。たとえば、国内で生産される一〇〇億円の石炭と海外から輸入される一〇〇億円の鉄鉱石を使って、三〇〇億円の鉄鋼を国内で生産し、それをすべて自動車生産に使って五〇〇億円の自動車を生産しており、これが国内の生産のすべてである国を考える。この時、国内の鉱工業生産額は、一〇〇億円の石炭と三〇〇億円の鉄鋼と五〇〇億円の自動車を足し合わせて、

一〇〇＋三〇〇＋五〇〇＝九〇〇億円

となる。

しかしネットでみると、鉄鋼生産では、売上額から鉄鉱石と石炭の仕入れ額を控除した

三〇〇－一〇〇－一〇〇＝一〇〇億円

しか価値が生みだされておらず、自動車生産でも同じく

五〇〇－三〇〇＝二〇〇億円

しか価値を生みだしていない。したがって、

GDP＝一〇〇＋一〇〇＋二〇〇＝四〇〇億円

となる。

貯蓄・投資バランスと経常収支

貿易収支とサービス収支と所得収支と経常移転収支の合計を経常収支といい、貿易収支は、財の輸出から輸入を引いたものであり、サービス収支は輸送・旅行等のサービスの輸出から輸入を引いたものである。また、所得収支は海外からの利子・配当や賃金といった要素所得の受け取り額から、これらの海外への支払額を引いたものである。経常移転収支とは、政府開発援助（ＯＤＡ）の無償援助などのように、市場取引に基づく支払以外の、一方的な資金の移動を記録したものである。

さて、今、家計部門と企業部門と政府部門から構成される閉鎖経済に、輸出部門と輸入部門を加えた開放経済を考える。そして単純化のために、

経常収支＝貿易収支＝輸出－輸入

とする。

この時、経済全体では、

総供給＝ＧＤＰ＋輸入

となる。

また、同じく経済全体で、

総需要＝消費＋投資＋政府支出＋輸出

となる。

総供給＝総需要であるから、

GDP＋輸入＝消費＋投資＋政府支出＋輸出……（1）式

となる。

さらに、この単純化されたケースでは、国内企業はすべて家計によって所有されているので、GDPはすべて家計の所得となる。家計はこれから租税を支払った後、消費した残りを貯蓄する。これより、

GDP＝所得＝消費＋貯蓄＋租税……（2）式

となり、（2）を（1）に代入すると、

消費＋貯蓄＋租税＋輸入＝消費＋投資＋政府支出＋輸出

となる。これを整理すると、

（貯蓄－投資）＋（租税－政府支出）＝輸出－輸入

となる。つまり、

（民間部門の貯蓄超過）＋（政府部門の貯蓄超過）＝経常収支……（3）式

となる。

これが、一国全体の貯蓄・投資バランス（または貯蓄・投資ギャップ）と経常収支の間に成り立つ会計上の恒等式である。

ただし、これは経済の調整が行われた後、事後的に成り立つ関係式であって、事前に、左辺が右辺を決定するとか、逆に、右辺が左辺を決定するといった因果関係を表すものではない。したがって、たとえば、増税を行って、政府の財政収支が改善したとしても、それで自動的に経常収支が改善するとは限らない。たとえば、（2）式で、租税が一〇〇億円増加した時、これが、所得や消費に影響を与えない場合には、貯蓄が一〇〇億円減少することになる。この時、（3）式から第二項の（政府部門の貯蓄超過）の増加一〇〇億円は、第一項の（民間部門の貯蓄超過）の減少一〇〇億円によって相殺されて経常収支は変化しない。

さらに、一般的には、租税の変化は所得や消費、投資、輸出入に影響を与えうる金利や為替レートに影響すると考えられるので、ある一つの変数が動いた時に、左辺だけや右辺だけの変化を考えるだけでは不完全である。

こうした注意点はあるものの、この貯蓄・投資バランスは、経常収支不均衡について考える際に便利な関係式である。ちなみに、民間部門の貯蓄・投資バランスは、家計部門と企業部門をそれぞれ区別して示すのが通常である。

二国間モデルと経常収支の決定

閉鎖経済である一国経済においては、貯蓄＝投資となる水準に実質金利が調整される。二国間で貸し借りが行われる二国モデルでは、海外から借入を行う国では国内貯蓄以上の国内投資を行うことができる。この時、両国間で、資本移動に制限がない場合には、世界全体の貯蓄と投資が等しくなる水準に実質金利が調整される。すなわち、

（二国全体の貯蓄）＝（二国全体の投資）

あるいは、

自国貯蓄＋外国貯蓄＝自国投資＋外国投資

となる。

さらに、自国の項目を左辺、外国の項目を右辺に集めると、

自国貯蓄－自国投資＝外国投資－外国貯蓄

となる。つまり、

（自国の貯蓄超過額）＝（外国の投資超過額）

となるように、実質金利が決まる。これは、また、

（自国の経常黒字）＝（外国の経常赤字）

となっているということを示している。

ここで、経常収支不均衡と実質金利の関係について簡単な思考実験をしてみよう。

自国を日本、外国を米国として考えてみる。両国の間で資本が自由に移動しているとすると、実質金利は両国で等しくなる。つまり、日本でも米国でも金利は世界金利に等しくなる。このモデルをもとに、米国の実質金利の決定要因を考えてみよう。今、日本においては経常黒字が発生しており、米国においては実質金利が低く保たれているとしよう。

この時、日本の経常黒字が米国の低金利をもたらしているといえるだろうか。実質金利が高くなると貯蓄が有利になるので、貯蓄は増える。一方、実質金利が高くなると投資のコストがその分高まるので、より高い投資リターンが要求される、そのため、投資プロジェクトを厳選する必要が生じるので、投資は減る。したがって、実質金利に反応して、両国における貯蓄と投資が調整される。その結果、両国の貯蓄、投資、実質金利が同時決定される。

つまり、日本が均衡実質金利のもとで貯蓄超過だからといって、必ず、米国の実質金利が低くなるとまではいえない。ただ、日本の経常黒字によって、米国は日本から資金を借り入れることができ、それによって、投資の一部をファイナンス（資金調達）することができる。これによって、その分、金利の上昇が抑えられていると評価することができる。

経常収支不均衡は悪か？

理想的な市場経済においては、価格調整によって、需給は常に均衡するはずなので、不均衡というだけで、何か悪いことのような語感がある。しかし、経常収支の場合、不均衡というのは、単に収支尻がゼロでないということを意味しているに過ぎず、経済的には、国際的に貸し借りをしているだけである。一般的には、貸し借りができる方が経済的には望ましいに違いない。経済学の用語でいうと、貸し借りができる場合には、異時点間で消費を最適化することができる。つまり、将来、所得が増えることが確実なら、将来所得の増分の一部を今、借りて、現在の消費を増やすことによって効用を増やすことができる。これは、消費の限界効用が逓減《ていげん》する（消費額が増えるにつれて追加的な満足度が次第に小さくなる）ため、消費の変動をならすことによって、満足度を上げることができるからである。

これは、特に、経済が完全雇用状態にあり、資産価格にバブルが発生していない場合には、説得力のある議論である。つまり、経済に大きな歪みがない場合には、経常収支不均衡は、経済主体の異時点間の最適化行動を反映していると考えることができる。一方、非自発的失業が深刻である場合には、経常赤字は失業と結びつけられて、政治的に問題となる可能性が高い。また、資産価格にバブルが発生しているために、将来、所得が増加する見込みがないにもかかわらず、消費が増加する場合にも問題が起こる。将来、債務の返済が困難になるからである。さらに、重商主義的な考え方では、黒字は国力にプラス、赤字は国力にマイナスであると考える。そのため、経常赤字を計上することが、経済的には望ましい場合でも、政治的には国家間の通商問題になってしまうこともありうる。

一九八〇年代前半の日米経常収支不均衡

一九八〇年代前半、米国では、レーガン政権の第一期目に、ドル高と経常赤字の拡大が進んだ。まず、一九七〇年代の米国は、景気の低迷とインフレの昂進というスタグフレーションに苦しめられた。マネタリスト（マクロ経済の変動において貨幣供給量を重視する経済学者）は、「政府が裁量的な財政金融政策によって景気拡大を図ったために、人々のインフレ期待が高まり、スタグフレーションに陥った」として、ケインズ政策を批判した。経済学において、インフレーションと失業率の関係を示した曲線をフィリップス曲線という。縦軸にインフレ率、横軸に失業率をとると、右下がりの曲線となる。これによれば、インフレ率を高めれば、失業率が下げられることになる。この関係に基づいて、米国では一九六〇年代に高雇用を目指したケインズ政策が盛んにとられた。

しかし、これは、インフレ率を高めるという副作用をもたらした。こうしてインフレ期待が高まると、人々はインフレに見合った賃上げを要求するようになった。そして賃金の上昇は企業によって価格に転嫁されるという悪循環が始まった。こうなると、政府がインフレを高める政策をとっても、失業率を下げることはできない。つまり、フィリップス曲線が一定の失業率のもとで、垂直になるのである。

こうした状況で一九七〇年代に入ると、二度のオイルショックによってインフレ率はさらに昂進した。財政赤字によるインフレと重い税負担が、企業の投資意欲と国民の勤労意欲・貯蓄意欲を阻害し、生産性の停滞と失業率の上昇を招いたと考えたレーガン政権は、小さな政府を目指して、大幅な個人所得減税と企業減税を行った。これは、供給重視のサプライサイド経済学に基づいた経済政策でレーガノミックスと呼ばれた。

現代の日本では、人々が将来不安から貯蓄に走るため、消費が停滞し景気が悪くなっているので、「貯蓄意欲の低下が失業率の上昇を招く」という前記のロジックは奇異に感じられるかもしれない。しかし、当時、日本では家計の貯蓄率が高いため、投資に回すための資金が豊富にあり、資本コストが低下するので、企業の設備投資が盛んになり、日本の競争力が高まるという状況にあった。当時、日本のように経済パフォーマンスを向上させるためには、米国でも、家計の貯蓄率を引き上げる必要があったのである。

レーガン政権では、貯蓄増加により経済成長率が高まれば、税収も増えるので、中期的にみれば、財政赤字は解消するはずだと考えた。金融政策面では、ポール・ボルカーFRB（連邦準備制度理事会）議長が、貨幣供給量の抑制を重視した金融引き締めを行い金利が高騰した。企業減税によって投資は拡大したものの、個人の貯蓄は期待に反して増大しなかったので、減税による財政の悪化は民間部門の貯蓄増加では賄えず、海外からの借入によってファイナンスされた。つまり、米国の貯蓄・投資バランスの悪化によって、経常赤字が増加した。財政拡張と金融引き締めはともに資金需給を圧迫して金利を引き上げ、これがドル高をもたらした。

プラザ合意後の政策協調

レーガン政権は一期目には、「ドル高は強いアメリカの象徴」として、これを放置していた。ドルが高いのは、米国の成長率が他国より高く、世界の投資家にとってドル資産の魅力が増しているからだというわけである。しかし、次第に、ドルの過大評価による貿易赤字の拡大と産業の空洞化が深刻になった。また、米国の財政赤字と経常赤字の「双子の赤字」は、その持続可能性に対する懸念とドルの信認に対する世界的な不安を招いた。というのは、米国の財政赤字の拡大要因は、減税に加えて、軍事支出の増加による部分も大きかったが、軍事費の増大は生産力を高めないため、債務返済能力の増大にはつながらないからである。また、米国内での保護主義圧力の高まりに対しても、対処する必要が生じた。こうして、米政府も、「為替レートは為替市場の決定に任せる」というそれまでの方針を転換した。そして、ドル高に対する秩序ある修正を促すため、一九八五年九月に、G5による協調介入と協調利下げが行われた。

すでにプラザ合意の前から、為替市場ではドル高是正の動きが進んでいたが、協調介入を受けてドルの過大評価は急速に修正され、「オーバーシュートして（行き過ぎて）割安」といえる水準にまで調整された。それにもかかわらず、米国の経常赤字の修正の方はなかなか進まなかった。それは、米国の経常赤字の根本原因が、他でもない米国自身の貯蓄不足にあったためである。貯蓄・投資バランスの式でみると、一九八七年から八九年にかけて、対GDP比で、政府部門は、二・三%、二・〇%、二・〇%の貯蓄不足（財政赤字）であった上、民間部門も、一九八七年から八八年にかけて、それぞれ、一・〇%、〇・二%の貯蓄不足であり、八九年にようやく〇・六%の貯蓄超過になった。そのため、政府部門と民間部門を足し合わせると、国全体で貯蓄不足となり、経常赤字となっていたのである。

しかし、米国から日本への内需拡大要求と円高誘導圧力は一九九〇年代まで続くこととなった。当時、日本で進んでいた金融の自由化・国際化は、国際協調重視の拡張的なマクロ経済政策のもとで、ファンダメンタルズ（経済の基礎的条件）を超えた資産価格の高騰というバブルを生みだした。ただ、ここで注意すべきなのは、プラザ合意後の大幅な為替調整が、バブルの原因だというのは短絡的だということである。

プラザ合意の翌年、一九八六年五月の東京サミットでは、政策協調を効果的に進めるため、

「多角的サーベイランス」を実施することが合意された。これは、G7参加国が、互いに経済政策や経済パフォーマンスを監視し合う仕組みである。そのもとになるのが、各国の経済目標や経済見通しだが、ここで重要になるのが、七か国の見通しが互いに整合的かどうかである。これを点検するために、経済成長率、インフレ率、失業率、財政収支、経常・貿易収支、金利、通貨供給量の伸び、外貨準備、為替レートの各指標を活用することになった。この制度の最大の特徴は、ある経済指標が目標から乖離しても、自動的に政策変更が義務付けられるわけではないことである。是正措置をとるかどうかはあくまで各国に任されている。いわゆる「ピア・プレッシャー（朋友の圧力）」に基づいた制度なのである。

当時の政策協調の評価

日本側では、財政金融両面で積極的な内需拡大策がとられた。まず、プラザ合意後、加速した急激な円高に対する不況対策として、積極的な財政刺激策がとられた。ただし、財政政策によって、景気の微調整（ファインチューニング）を行う際の問題は、財政政策が機動性を欠くという点である。予算を編成するのには、時間がかかるし、国会で審議しなければならない。また、公共事業を執行するのにも時間がかかる。この時も、景気対策の効果が出てきた時には、景気はすでに自律的な回復に向かっていた。つまり、景気後退時にとられるべき財政刺激策が景気回復時にとられたことにより、景気変動が増幅されたのである。

円高は輸出産業の価格競争力を弱めて景気にとってマイナスとなる一方、輸入品の価格を引き下げて、日本全体の購買力を高める。輸出品の価格と輸入品の価格の比である交易条件を改善するのである。そうなると一単位の輸出によってより多く輸入できるようになる。企業は原材料を安く購入できるため、収益改善要因になるし、実質所得の上昇によって、消費にもプラスになる。ただ、政治的に難しいのは、マイナスの影響を強く受ける一部の輸出産業、特に、地場産業などから切実な円高対策の声が上がることである。したがって、マクロ的にみれば、必要以上の対策がとられることになる。その際、マイナスの影響を強く受ける産業や地域にターゲットを絞って対策を行えば、財政支出を節約することができる。また、産業の構造調整を促進するような施策が望ましい。

当時すでに、日本は大量の国債発行を続けていたことから、財政再建が進められていた。財政悪化のもとをたどれば、一九七八年に西ドイツで開催されたボン・サミットで合意された政策協調の走りに突き当たる。その際、米国に加えて、日独が世界経済を引っ張るべきだという「機関車論」が唱えられ、それに沿って、日本は七%成長を公約し、大量に国債を発行して景気対策を行った。この苦い経験から、財政当局は、政策協調を進めるにあたり、できるだけ財政が悪化することは避けたいと考えていた。

バブルの原因として、当時、財政出動を避けるために、金融政策にしわよせがいったのだという総括がされることがある。しかし、今、振り返ってみると、当時の財政運営が引き締め過ぎであったとはいえない。確かに財政再建努力により、一時的に赤字国債の脱却には成功したが、これさえ、バブルによって税収が一時的に水増しされていたからだし、そもそも、建設国債の発行は続いていたからである。高齢化による構造的な財政悪化に備えて、景気がよい時にもっと財政収支を改善しておくことが望ましかった。ただし、当時、ＩＭＦは「日本の財政スタンスは、補正予算による景気対策を加味しても、依然として引き締め気味である」として、一層の財政拡大を求めていた。これは結果的には対外不均衡の是正のために、国内均衡を犠牲にせよという政策提言であった。

マクロ経済政策は、本来、国内均衡の維持のために用いられなければならないのに、それを犠牲にして財政金融の拡大策によって、対外不均衡を是正しようとしたことになる。それにもかかわらず、不均衡是正の効果が現れるまでには、随分と時間がかかった。日本の経常黒字は一九八五年に対ＧＤＰ比三・八％であったが、Ｊカーブ効果によって一九八六年には四・五％とかえって拡大した。その後、一九八七年には三・三％となり、一九九〇年には一・四％にまで縮小した。Ｊカーブ効果とは、円高になると日本からの輸出品のドル建て価格は為替の影響ですぐに高くなるのに対して、輸出量はただちには減らないために起こるもので、貿易黒字がいったん増加してから減少する姿が、Jの字を逆さにした曲線に似ているためにそう呼ばれている。

そもそも、ピーク時でも対GDP比五％に満たない経常黒字が問題なのかどうか疑わしい。大英帝国はその最盛期六％程度の経常黒字をコンスタントに出していたが、その分、米国、カナダなどの新世界に資本輸出して、それにより、世界経済は円滑に運営されていた。当時、すでに先進国であった日本が将来の高齢化に備えて、貯蓄していたと考えれば、この程度の黒字は合理的である。それをマクロ政策で無理に変えようとするのは間違っていた。

金融政策についてみると、事情はさらに複雑である。金融緩和は消費や投資を刺激することを通じて、貿易収支を悪化させる効果を持つが、同時に金利低下によって、為替を引き下げ、貿易収支を改善する効果を持つ。プラザ合意の際には、ドル高の調整過程にあったので、後者の効果はあまり意識されなかったと思われる。また、米金利の引き下げによってドル高の是正を進める際に、同時に各国が協調利下げをして、ドルの急落を避けるという意図も働いただろう。そして、一九八七年後半には、ドルもすっかり安くなり、米国金利の水準も十分下がっていたので、米国としては、日独が金利を引き上げて、それによって、さらにドルが安くなることを懸念するようになった。

こうした中、インフレ懸念から金利引き上げを強行した西ドイツを米国のベーカー財務長官が批判した。市場は、米国の財政赤字と経常赤字が一向に縮小しないため、両者の持続可能性（金利の急騰による財政破綻やドルの急落を招くことなく赤字を続けられること）に疑念を持っていた。そこに米独の政策協調の足並みに乱れが生じたことから、米国への資本流入が細り、ドルが急落して長期金利が跳ね上がるという不安が拡大した。それが、一〇月、ニューヨークの株式市場の暴落（ブラックマンデー）につながったと考えられる。

こうしてみると、一九八七年一〇月以降、日銀に対して、国際協調の観点から、低金利を維持する圧力が働いていたと考えられる。しかし、同時に円高のため、国内物価はきわめて安定していた。物価安定の観点からは、金利引き上げの必要性はなかったのである。また、日米摩擦による円高圧力は続いていたので、国内的にも円高対策として低金利の継続を求める要請があった。しかし、この低金利が、資本コストの低下による企業の過剰投資と、流動性の増大による銀行貸出の増大を招いた。これがバブルへとつながるのだが、その底流には、金融の自由化・国際化による金融市場の構造変化があった。

日本では、一九七五年に本格的に赤字国債の発行が始まるが、大量に発行される国債を円滑に消化するために、金融の自由化が不可避になった。また、一九八〇年末には外国為替管理法が全面改正され、外国為替取引が原則自由になった。さらに、一九八四年には日米円ドル委員会が設置され、内外金融市場の統合が加速した。こうして、大企業は、銀行に頼ることなく資金調達できるようになった。そのため、銀行に対する資金需要が縮小し、利ザヤも縮小した。しかし、銀行の数は減らなかったし、リストラも行われなかった結果、縮小したビジネスをめぐって、多くの銀行が競い合う過当競争状態（オーバーバンキング）が生じた。そのため、銀行は、中小企業や富裕層に財テク投資（本業以外に、株式、債券、土地などに投資すること）を勧めたり、不動産関連の貸出に傾注したりするようになり、バブルを煽ることになった。

総括すると、一九八〇年代の日米貿易不均衡の根本原因は米国の貯蓄不足にあった。一九八〇年代前半、米国でとられたレーガノミックスのため、ドルの過大評価が続いた。それにより、日米貿易摩擦が深刻になり、プラザ合意による為替調整が必要になった。過小評価されていた円が急速に再評価される過程で、日本国内で構造調整に伴う企業倒産や失業といった摩擦が生じ、そのため、過度のマクロ刺激策がとられた。これが、バブルの一因となったが、その背景には、金融の自由化・国際化が潜んでいた。

II——対外不均衡の是正と中国経済

一九九〇年代、日本が「失われた一〇年」に苦しむ一方で、米国経済は力強く復活するという日米逆転が起こった。この時同時に世界では、一九八九年のベルリンの壁崩壊に続いて一九九一年にソ連崩壊という大きな変化が起こっていた。これは、これまで、市場経済の外にいた旧ソ連や東欧の多くの労働力を市場経済に引き込むこととなった。また、ソ連崩壊の原因は、政治の自由化と経済の混乱にあるとみた中国は、政治を引き締めるとともに、国家主導の計画的・漸進的な市場経済化に一層熱心に取り組むようになった。さらに、一九八〇年代の円高に対応した日本企業のアジア進出を受けて、タイなどのＡＳＥＡＮ（東南アジア諸国連合）諸国では、急速に製造業が育った。

新興国における金融の自由化・国際化は、資本移動の急増と、金融のグローバル化をもたらした。内外からの旺盛な投資によって、一九九〇年代に急成長したタイでは、信用ブームという金融の景気増幅効果によりバブルが膨張した。そして、一九九七年にバブルが崩壊すると、資本が流入から流出に一転した。この通貨危機は、投資家の群集行動によって、インドネシア、韓国など東アジア一帯に波及した。さらに、一九九八年には、ロシアが債務危機に陥り、その余波は、ブラジルなどラテンアメリカにも及んだ。こうした新興国の金融危機を教訓として、ＩＭＦ・世銀では、これら諸国の金融部門の健全性に焦点を当てたサーベイランスを行うようになった。

グローバル・インバランス（世界的対外不均衡）の発生

アジア通貨危機を受けて、アジアの新興国では、投資率が低下した。もともと、国民所得に占める貯蓄率は高く、それをもとに活発な投資が行われていたが、危機以前は、投資率が貯蓄率を上回っていたため、経常収支は赤字であった。しかし、通貨危機によって、通貨が暴落し、経済の混乱と成長率の低下によって、投資が減少した。このため貯蓄が投資を上回るようになり、経常収支が黒字化した。そして、景気回復後も、投資は危機前の水準には戻らず、新たな貯蓄・投資バランスのもとで、経常収支の黒字が継続するようになった。また、外貨準備の枯渇が危機を招いたことから、危機の後、各国の通貨当局は外貨準備の蓄積に励んだ。

アジアの主だった新興国が資本流出による通貨危機に襲われる中でも、中国だけは厳格な資本規制を布いていたため、通貨危機の影響を免れた。また、中国は、割安な為替レートを維持し輸出を振興した。外資優遇策によって急成長を遂げた中国は、日本や新興工業地域、ＡＳＥＡＮなどから、資本財や中間投入財を輸入して、完成品を欧米などに輸出するようになった。さらに、中国経済は資源多消費型であるので、中国の成長は、石油などの一次産品価格を上昇させることとなった。石油価格の上昇によって、中東産油国が、経常黒字を膨らませた。こうして二〇〇〇年代に入ると、新興国や産油国が経常黒字を膨らませる一方、米国は経常赤字を未曽有の水準に膨らませた。

グローバル・リバランス（世界的な需要のシフト）の必要性

中国をはじめとする東アジア諸国は、ドルに対する自国通貨の上昇を回避するため、外国為替市場でドル買い介入を行ってドルの価値を支えた。そして、そこで得たドルを米国債や米国の政府機関債で運用して、米国の財政赤字や経常赤字をファイナンスした（米政府に貸し付け、米国が国内の生産額以上に支出するための資金を提供した）。この構図は、ブレトン・ウッズⅡと呼ばれた。それはドルを中心とした固定相場制であったブレトン・ウッズ体制が、あたかも再来したかのようであったからである。すなわち、東アジア諸国は米国の輸出市場を確保でき、米国は東アジア諸国から安価なファイナンスを確保できるため、双方ともこの状態を続けるメリットがあると考えられたのである。

しかし、これは長続きしなかった。米国の住宅バブルが破裂し、リーマン・ショック後アジアから米国への輸出が激減したからである。住宅バブルが崩壊すると、それまでの過剰な投資の反動で、住宅投資が落ち込んだ。また、住宅資産は、家計にとって非常に重要な資産であったので、住宅価格の下落によって、家計のバランス・シートが悪化した。そして資産価値に比べて過大となってしまった借金を返済するため、消費が低迷した。さらに、こうした投資と消費の低迷によって、景気が悪化し、失業者が増え、そのため、一層、投資と消費が低迷した。

リーマン・ショックによる投資と消費の低迷によって、米国の経常赤字は縮小した。それまで米国では、住宅投資の拡大に引っ張られる好況の中で、経常赤字の対GDP比は、二〇〇四年以降五%を超え、二〇〇六年には、ピークの六%に達した。これは、一九八〇年代の日米貿易摩擦時の経常赤字の水準のほぼ二倍の規模である。住宅価格の下落を受けて、二〇〇七年には、五・一%、二〇〇八年には、四・七%と赤字幅は縮小し、さらにリーマン・ショックによって、赤字幅は、二〇〇九年には二・七%の水準まで低下した。リーマン・ショックによって、家計のバランス・シートが大きく痛んだため、消費を切り詰めて、貯蓄する必要が生じたのである。

こうして、世界最大の経常赤字国である米国が内需を削減する中で、世界経済のバランスをとるために、世界最大の経常黒字国である中国の内需拡大が求められた。輸出環境の悪化による失業問題に直面した中国は、四兆元（約五六兆円）の投資を発表し、それに呼応して銀行貸出を急増させた。これにより、内需が力強く拡大した。

ＩＭＦの統計で中国の経常黒字の対ＧＤＰ比の推移をみると、ＷＴＯ（世界貿易機関）に加盟した二〇〇一年の一・三％からうなぎのぼりに上昇し、二〇〇七年には一〇・一％でピークをつけた後、二〇〇八年においても九・一％と高水準を維持した。

リーマン・ショック後、二〇〇九年には、五・二％とピーク時に比べて半減したが、欧米の金融市場が落ち着きをみせるとともに、二〇〇九年の春先から輸出も回復し、中国経済は先進国を尻目に、V字回復を果たした。経常収支の実額をみると、黒字額は、二〇〇七年三五三九億ドル、二〇〇八年四一二四億ドルと推移した後、二〇〇九年には二九一四億ドルに縮小したが、二〇一〇年には、三一三二億ドルに増加している。中国の一〇％近い成長とドルの減価によって、経常黒字の対GDP比の動きと、実額の動きは若干ずれている。IMFでは、中国の経常黒字の対GDP比は、二〇〇九年から二〇一一年にかけて五・二％で推移した後、二〇一二年以降、再び拡大すると見込んでいる。

中国では投資に頼った内需刺激策の副作用として、インフレの悪化、生産能力の過剰、不動産市場の過熱が生じた。

他方、一〇％近い高失業率が続く米国では、輸出によって雇用を創出するため、大幅な貿易赤字先となっている中国に対して、為替の切り上げを求める声が議会で強くなった。二〇〇八年夏から、事実上のドルペッグ（対ドルレートの固定）を続けるため、中国人民銀行では、大量のドル買い人民元売り介入を続けていた。中央銀行から市場へ放出される通貨は、ハイパワード・マネーと呼ばれる。中央銀行から通貨を受け取った市中銀行は、それを準備として、その数倍の貸出を行うことができるからである。これが、銀行の信用創造であり、この倍率を信用乗数と呼ぶ。

この仕組みによって、中国人民銀行のドル買い介入が国内に過剰な流動性を生じさせ、インフレの原因となっていた。国内での食料価格の上昇や不動産市場のバブル懸念、さらに、石油や鉄鉱石などの輸入価格の上昇に直面した中国は、二〇一〇年六月におよそ三年ぶりに、人民元の切り上げを行った。これによって、介入による過剰流動性問題を軽減するとともに、輸入物価上昇の鎮静化を図ったのである。

日米摩擦と米中摩擦の比較

日本と中国、それぞれの対米摩擦にはどのような相違点があったかみてみよう。まず、為替調整のスピードと幅が大きく違っている。プラザ合意の際には、急速な円高ドル安によって、ドルの過大評価と円の過小評価は外国為替市場で速やかに解消された。これに対して、人民元の為替取引は、中国人民銀行によって管理されているので、その引き上げペースは非常に緩やかである。中国では、G20サミット（二〇か国首脳会議）や米中戦略対話の前になると、人民元の引き上げペースを若干、速めている。これは、人民元の切り上げに対する米国の要求に配慮しているものと思われる。中国では、時おり、人民元安にすることによって、人民元の切り上げを期待して流入する資本を牽制《けんせい》しようとしている。しかし、緩やかではあっても、人民元切り上げの方向性は明らかなので、投機的な資本流入は止まらない。

そのため、介入額はその分大きくなり、二〇一一年三月末には、外貨準備がついに三兆ドルの大台を突破した。これは、世界第二位の外貨準備保有国である日本の保有額一・三兆ドルに比べても格段に巨額である。外貨準備の保有目的は本来、国際的な支払の円滑化や為替の乱高下に対する備えである。その意味で、輸入の三か月分や短期対外債務の一年分程度はカバーできる額を保有することが望ましい。しかし、中国の保有額はそれをはるかに上回っている。これは、為替レートを均衡水準よりも低く維持するために、市場に恒常的に介入した結果である。

外貨準備は多ければ多いほどよいというものではない。まず、外貨保有に伴う為替リスクの問題がある。外貨準備が必要以上に積み上がるということは、外国為替市場に構造的な需給の不均衡が生じているということである。人民元とドルの売買において、ドルの買い手が足りないから、中国の通貨当局が仕方なく買っているのである。

為替リスクのあるドル建ての金融資産を中国の民間投資家に買ってもらうためには、ドルが安くなるかドル金利が上昇しなければならない。しかし、ドル金利の方は、米国のFRB

が量的緩和政策を続けているので、上昇しない。通貨当局は一民間企業に比べれば、リスク負担能力が高いので、政策目的で外貨保有を増やすことができる。しかし、それにも限界がある。中国は、低金利の米国債を大量に保有しており、ドルが下落すると、巨額の為替差損が生じてしまう。そのため、折に触れて、米当局にドルの価値を維持するよう求めるとともに、ユーロなどドル以外の資産への分散を図っている。つまり、巨大な為替リスクに直面しているのである。また、中国も日本と同様、国債を発行して得た人民元を売ってドルを買うので、介入すればするほど元建ての負債が膨らむ。ところが、今、米国は金融緩和、中国は金融引き締めなので、負債の調達利回りの方が、資産の運用利回りより高い逆ザヤとなっている。

また、中国政府は外貨準備を一部、中国投資有限責任公司（ＣＩＣ）に拠出して、投資の多角化を図っている。しかし、ＣＩＣは、二〇〇七年九月末に設立されて早々に、米国のオルタナティブファンドのブラックストーンに投資したところ、金融危機でその価値が暴落し、高値つかみが問題となった。こうしたハイリスクの投資は本来、市場の規律を受ける民間の責任において行った方がよい。ちなみに、我が国は外貨準備保有額では、中国にはるかに及ばないが、対外純資産でみると、世界最大の債権国である。民間部門が、米国、欧州、中国を含むアジアなど全世界的に長年にわたって、投資してきた結果、良好な投資リターンを上げており、所得収支の黒字が経常収支の黒字基調を支えている。プラザ合意がバブルを引き起こし、日本の凋落《ちょうらく》を招いたという見方がされることがある。中国ではその教訓から為替の大幅な調整に抵抗しているといわれる。しかし、こうした見方は事実誤認に基づいている。プラザ合意の場合、ドルの過大評価を是正するため、協調介入による為替の調整と、財政金融政策の協調が行われた。まず、為替の調整については、一九八〇年代前半のドルのミスアラインメント（かなり長期にわたって、為替レートが均衡水準から大きく乖離すること）が修正された均衡回復の動きと評価される。為替の急激な調整はそれ自体、経済に調整コストをもたらすので、望ましくないが、水準調整自体は、ファンダメンタルズに沿った動きであった。一九九〇年にかけて日米とも経常収支の不均衡は有意に縮小に向かっている。

自国通貨の切り上げは、貿易財の非貿易財に対する価格を低下させる。貿易財の価格は、国際価格に、自国通貨の外貨建て為替レートをかけたものである。たとえば、一バレル一〇〇ドルの石油は、円の為替レートが一ドル一〇〇円から九〇円に切り上がると、価格が一万円から九〇〇〇円に低下する。この相対価格の変化によって、貿易財の国内需要を拡大させ、非貿易財の国内需要を縮小させる。つまり、輸入を増やし、建設投資などを縮小させる。また、貿易財の生産を縮小させ、非貿易財の生産を刺激する。これによって、輸出を縮小させ、製造業からサービス業へ、生産資源を移動させるのである。

こうした調整こそ、今、中国経済に必要なものである。前回、二〇〇五年七月から二〇〇八年夏にかけて、人民元の対ドルレートが二〇%ほど切り上げられた際に、中国の貿易黒字は急増した。中国は、これをもって、為替レート調整は、貿易不均衡の是正に効果はないといっているが、それは間違いである。実証研究によれば、この間、貿易財部門における生産性の上昇が大きかったため、人民元の対ドルレート切り上げにもかかわらず、人民元が過小評価されていた可能性が示されている。

中国では、まだ、米国と比べて、生産性の水準が低いので、新技術の導入や生産工程を含む経営の改善によって、効率を高められる余地が大きい。そのため、中国の生産性上昇率は米国のそれに比べて高い。この生産性上昇率格差が、人民元の切り上げ幅を上回っていたので、中国製品の競争力が高まり、貿易黒字が拡大したのである。実際、中国企業はドル建ての輸出価格をあまり上げることなく利潤率を維持している。さらに、その価格上昇率が、米国でのインフレ率を下回っていることを実証研究は示している。つまり、中国の通貨当局によって管理された人民元の引き上げ幅が十分ではなかったのである。

これは、今回の人民元の切り上げにもそのままあてはまる。人民元の切り上げ幅は、二〇一〇年は三・六%、二〇一一年は四・七%にとどまっている。今回は、中国のインフレ率が米国のインフレ率を上回っているので、実質でみると、一年間で、一〇%弱、人民元は切り上げられた。しかし、もともと、人民元は生産性上昇率との見合いで過小評価されているので、この程度の上昇では、為替のミスアラインメントは解消されない。人民元の過小評価は、対外摩擦を引き起こすだけでなく、非効率な資源配分によって、中国自身の厚生水準を低下させている。次にこの問題をみていこう。

中国内部の不均衡

中国の対外不均衡は、中国国内の貯蓄・投資バランスの不均衡を反映している。中国のGDPの内訳をみると、消費の占める割合が三五％前後ときわめて低くなっている。日本ではこの割合は六〇％程度、米国では七〇％程度である。これは中国の特殊な経済構造を反映している。中国はもともと計画経済であったが、改革開放政策の中で、大規模で戦略的に重要な国有企業は残し、中小の国有企業の民営化を進めた。これによって経済の二重構造が生じた。残った大規模国有企業は独占的であり、超過利潤を享受してきた。また、四大国有商業銀行は、それ自身、国有企業で、もっぱら、国有企業向けに貸出を行っている。

中国では社債市場が発達しておらず、金融仲介は、銀行経由が圧倒的に重要である。また、金利は政府、つまり、中国人民銀行によって一律に決定されている。預金金利、貸出金利ともに規制されており、利ザヤが確保されるようになっている。また、現在、預金金利は消費者物価上昇率を下回る低い水準に設定されている。これは金利水準を低く抑えることによって、企業の借入コストを下げ、投資を促進して経済成長を助けるためである。

中国の、中小企業は、銀行融資が受けられないので、投資をするためには、利益を内部に留保するしかない。また、景気変動に備えて自前で経営を維持していくために、賃金を低く抑えざるをえない。これは、企業への所得配分を高め、家計への所得配分を低める方向に作用する。一方、大企業の方は、低金利で有利な資金調達ができる上、低賃金の労働者のプールが確保されている。いわば、生産要素市場では買い手独占、生産物市場では売り手独占となっており、競争市場で本来得られる正常な利潤を超えた利潤を獲得できる。

国有企業では、株主によるコントロールが働かないので、超過利潤を配当することなく企業内に滞留させている。また、株主による監視、市場での評価を受けないので、投資判断が甘くなり、経営者が過剰投資による事業拡大に走る傾向がある。経営者が自己顕示欲や事業拡大による自らの経済的利益の拡大を図るためである。経営陣は政府から任命されたり、何らかのコネがある場合が多く、中央政府が景気対策を行ったり、地方政府が産業振興を行う際には、積極的にそれに協力する。

このように、金融を規制して金利を人為的に低く抑え、経済成長の促進を図る政策は金融抑圧と呼ばれる。日本でも高度成長期にとられた産業政策の一種であるが、実際にどの程度実質金利を引き下げる効果があったかについては、研究者間で意見の相違がある。ただ、中国の場合は、銀行からして国有企業なので、金利の統制ははるかに強力であり、現在、預金の実質金利はマイナスとなっている。

預金者からみると、銀行預金以外の安全な投資先はきわめて限られている。中国の株式市場は株価の変動が激しく個人投資家によるマネーゲームの場となっている。中国の金融抑圧は、預金者を犠牲にして、大企業を補助する装置となっている。また、中小企業で働く大多数の労働者と、大企業に働く少数の労働者との待遇の格差は、所得格差の拡大要因となっている。一番得をしているのは、大企業の経営者で、これは、繰り返しになるが、政府関係者であり、ここにも、所得格差の拡大が政府に対する不満の拡大につながる理由がある。

貯蓄・投資バランスに戻ると、前記のように、企業所得を増大させ、その企業所得が家計に配分されないという構造により、家計所得の比率が低く抑えられている。これが、過少消費の理由の半分である。労働分配率が低過ぎるのである。あとの半分は、可処分所得のうち消費に回される比率を示す消費性向も低いことである。この両者があいまって、中国の国民所得における消費の割合を著しく低い水準に抑えている。消費性向が低いのは、医療、教育、年金などの広義の社会保障が未整備なためである。これは、特に、農村部において深刻な問題であり、沿海部と内陸部の経済格差の大きな要因になっている。

部門別の貯蓄・投資動向をみると、近年、企業部門における貯蓄・投資バランスの改善がみられ、これが経常黒字の拡大に寄与している。家計部門は貯蓄超過部門だが、貯蓄・投資の差額自体は安定しており、大きな変化はみられない。政府部門については、全般的に貯蓄・投資バランスが改善しており、これが、企業部門の変化以上に経常黒字の拡大に寄与している。順調な経済を反映して、税収が伸びていることに加え、特に、地方において土地開発による利益を地方政府が得ているためだと思われる。以上の分析から得られる政策的な含意について次に議論する。

中国への政策提言

現在、中国が直面している所得格差問題を緩和し、国民の厚生を高めるとともに、輸出や投資に過度に依存しない経済構造に変革していくためには、次のような政策変更が求められる。まず、経済の二重構造を解消するため、規制緩和を進めて、競争を導入し、大規模国有企業による市場独占を崩すことである。これによって、中小企業のビジネスチャンスが広がるとともに、大企業の効率も向上する。また、国有企業のコーポレート・ガバナンス（企業統治）を高めることである。そのためには、国有企業を民営化することが望ましい。民営化しない場合は、国有企業の管理を強めて、配当を国庫に納めさせるようにすべきである。

この政府収入を使って教育などの政府支出を拡大するのである。特に、地方においては、都市部と比べて、教育条件が劣っており、これが、就業機会を狭めて、所得格差を生んでいる。ＯＥＣＤ（経済協力開発機構）が教育水準を国際的に比較するため、世界各国で実施しているテストにおいて、二〇〇九年に上海市が、世界で一位となった。中国以外は、対象が国であるので、同列には比較できないが、中国の都市部の教育水準が高いのは間違いない。一方、地方では、初等教育さえ十分に受けられない地域が多く残っている。教育への投資は機会均等の観点から社会的に望ましいと同時に、中国の産業構造の高度化を図り、経済発展の質を上げていくために必要なステップである。

また、医療保険制度が整備されていないため、病気になると破産するリスクが高く、これが、予備的貯蓄を高めている。さらに、年金制度を整備すれば、特に地方において、消費を拡大する効果が高いことが、ＩＭＦによる計量分析などで明らかにされている。前述したように、近年、中央政府、地方政府ともに貯蓄・投資バランスが改善しているので、社会保障支出を拡大する余地がある。

最後に金融の自由化を進めることである。金利を自由化することによって、預金者の金融所得を高め、消費を拡大することができる。また、資本コストを適正な水準に引き上げることによって、過剰な投資を抑制することができる。これにより、過剰な投資が過剰な生産力とそのはけ口としての輸出につながるのを防ぐことができる。現在、人民元が切り上がると企業倒産や失業が起こるというのも、この過剰投資と関連している。つまり、過剰な生産水準と輸出を維持するためには、人民元を低い水準にとどめておく必要があるのである。

金融の自由化・国際化は中国経済を不安定にするリスクがある。そのため、中国は金利規制をできるだけ長く維持しようとするだろう。また、金利規制を維持するためには、海外との資本移動を制限する必要がある。預金者が自由に海外の自由金利商品に投資できるようになれば、中国の銀行は預金を獲得できなくなる。また、企業が内外の資本市場で資金調達できるようになれば、やはり銀行から借り入れる必要がなくなる。つまり、中国が金利規制によって国内の既存の金融機関を保護するためには、資本規制によって、内外の金融市場を分断する必要があるのである。

これが、人民元の国際化の障害となっている。国際通貨になるためには、資本規制の撤廃が不可欠だからである。中国はその意味でジレンマに直面している。アジア通貨危機にみられるような新興国の金融自由化・国際化の問題のみならず、今回の世界金融危機で明らかになった先進国の金融セクターの問題と、現在進行中の規制改革の議論が、中国にとっても重要な示唆を与えるはずである。

III――G20の内幕

G20での対外不均衡問題の取り扱い

二〇一〇年一〇月、韓国の慶州で行われたG20では、対外不均衡の是正のために、経常収支に数値目標を設定することが議論された。これは、もともと、中国人民銀行が会議で配布した資料の中で、経常黒字の将来見通しが、四%となっていたためであると報道されている。米国が求める人民元切り上げには、中国は強く反対しているので、為替レート自体を話題にしたのでは、妥協の余地がない。そこで、経常収支に話題を変えようというのである。

中国経済最大のリスクは不動産バブルや過大な設備投資によるバブルである。これは、中国が人民元の切り上げを抑制しているために、米国の低金利政策の影響を強く受けていることと関係がある。人民元がドルにリンクしているために、米国が金融緩和をしてドル金利を低くすると、人民元の上昇を防ぐための介入が必要になる。これが、中国で人民元の過剰流動性を生じさせ、インフレを引き起こす。また、人民元の金利もドルに引きずられて、低金利となる。これによって、実質金利が低下し、資本コストの低下を通じて過剰投資を生むのである。これが、バブルを引き起こす危険性については、アイルランドやスペインなどユーロ圏の周縁国で起こったバブルが如実に物語っている。そのため、中国人民銀行としては、金融政策の自律性を取り戻すため、内心では為替をさらに柔軟化したいと考えているはずである。

そこで、同年一一月に韓国で開かれたG20のソウル・サミットでは経常収支目標について合意されるのではないかと期待された。ただ、経常収支は政府が管理できるものではない。財政政策は政府支出を通じて直接、総需要に影響を与える。また、政府調達によって、輸入に影響を与える。さらに、減税などによって可処分所得に影響を与えることを通じて内需や輸入に間接的な影響を与える。また、金融政策は金利水準や与信量（銀行貸出）、資産価格や為替レートなど様々なルートで、経常収支に影響する。しかし、これらの定量的な効果は不確かであるので事前には計算できない。また、経常収支は、民間の意思決定（最適化行動）によって決まる部分が多く、これは政府が左右できるものではない。こうした状況下で、財政金融為替政策によって、無理やり一定の経常収支を達成しようとすると、物価安定のもとでの持続的成長という国内均衡目標と齟齬《そご》をきたすことになる。したがって、対外不均衡問題を議論する際には、数値目標のかわりに、指標（indicators）を使用することが合意された。

ソウル・サミットの首脳宣言やサミット文書では、中国に為替の柔軟化を求め、米国にドルの価値維持を求めているように読める内容で妥協が成立した。首脳宣言等で、「ファンダメンタルズを反映するため、より市場で決定される為替レートシステムに移行し、為替レートの柔軟性を向上させる」ことを求められているのは、中国である。一方、米国には、「準備通貨を持つ国々を含む先進国は、為替レートの過度の変動や無秩序な動きを監視する」ことを求めている。

また、「大規模な一次産品生産者を含む、各国・地域の状況を考慮」という表現で、産油国等が免責される余地を残している。ドイツも大幅な経常黒字国であるが、通貨同盟の一員なので、為替政策を不均衡解消に使うという自由度がない。これも「各国・地域の状況」に入りうる。なお、日本については、すでに市場で決定される為替レートシステムを採用していることから、対象外である。また、経常収支の内訳をみると、貿易収支の黒字は小さく、所得収支の黒字の方が大きい。所得収支というのは、過去に行った海外投資の果実である。すでに過去に起こったことの結果に過ぎないので、今、政策的にどうこうできるものではない。また、直接投資のような形で、海外に雇用を生んでいるものであるので、評価されこそすれ、非難されるべきものではない。

次に、指標の項目であるが、先例として、一九八六年の東京サミットで合意された「多角的サーベイランス」においては、すでにみたように、経常・貿易収支、外貨準備、為替レートの各指標が含まれている。今回、焦点となった経常収支であるが、これを指標に含めることに対して、経常黒字の対GDP比が大きい中国とドイツが反対した。

先述したように、もともと、為替のかわりに経常収支を中心に議論しようというアイディアは、中国人民銀行の資料がきっかけとなっている。しかし、中国政府部内では商務部が、為替政策を中心とするマクロ経済の調整によって、対外不均衡問題を解決することに反対している。商務部は為替の柔軟化に反対しており、対外不均衡の是正のためには、米国が軍事技術の流出を恐れて課しているハイテク製品の対中輸出規制の緩和が有効であるとしている。中国が態度を硬化させた背景には、中国政府部内での方針変更が関係している可能性がある。

数値目標どころか、経常収支を指標とすることさえ、合意できなかったことに対して、米国では失望が広がった。筆者も、「オバマ大統領は今後、G20サミットに行くべきではないという」声を来日したワシントンの有力シンクタンクの研究員から聞いた。もともと、G20サミットは、米国が中国を引き込んで、内需を拡大させ、対外不均衡を解消させることを期待して始めたものと考えられる。しかし、中国は二国間であれ、マルチの場であれ、自国の経済政策に変更を求められることを極端に嫌うのである。つまり政策協調よりも自国の都合を優先する傾向が強い。

続いて、二〇一一年二月、G20のパリ会合では、指標の項目に合意した。まず、公的債務と財政赤字、民間貯蓄率と民間債務である。前者については、ギリシャ危機が放漫財政による対外不均衡に端を発していることから納得できる。また、後者についても、アイルランドの民間銀行による過大な対外借入が、危機につながったことから、妥当である。次に焦点の経常収支であるが、合意では、「為替・財政・金融・その他の政策を十分に考慮しつつ、貿易収支、投資所得及び対外移転のネットフローから構成される対外バランス」（傍線は筆者）を評価することとなった。傍線部は、経常収支の定義にそっくりである。実は、二〇一〇年一一月、ソウルでのG20サミットで、経常収支を目標とするかどうかで問題がこじれにこじれた。そのため、経常収支という言葉が使えなくなり、苦心の末に、経常収支を構成する貿易収支、所得収支、移転収支を並べて言い換えたのである。とても一つの指標とはいえないほど長たらしい文言になっているところに、交渉者達の苦労の後が窺《うかが》える。

G20は参加者が多く、毎回、財務大臣・中央銀行総裁会議については声明、サミットについては、首脳宣言や合意文書をまとめるので、大変である。文言を詰めるのに時間がかかって、中身の議論をじっくりと行う余裕がない。この時も前記引用部分で傍線を付したように、一般の人にわかりにくい表現になってしまったのは、中国が経常収支という言葉を使わせないように頑張ったためといわれている。中国はマルチの場でも自国の主張を最後まで通そうとする。ここに、主要先進国だけで議論していたG7時代と比べて、さらに一段と政策協調が困難になった理由がある。

二〇一一年四月のワシントンでのG20においては、「継続した大規模な不均衡」について詳細な評価を行う第二段階の対象国を選定するために、「参考となるガイドライン」に合意した。これは、経済モデルや過去のデータを用いる四つのアプローチで、二月会合で合意した各指標を評価し、少なくとも二つのアプローチにおいてクロと判定された国々を対象とするものである。テクニカルなことをいえば、最初の「経済モデル」というのが曲者《くせもの》である。一般に、厳格な政策協調が難しい理由の一つとして、各国間で、政策の効果を分析する経済モデルについて合意するのが難しいことが挙げられる。この場合も、均衡為替相場を計算する主なアプローチだけで三つある。さらにモデルの詳細次第で結論が異なってくる。だが、日、米、中などについては、G20全体に占めるGDPの割合が五％を上回るため、対象国となった。

対象国が決まったらその不均衡の原因を評価し、必要な場合にはとるべき政策の内容を検討していくこととなる。こうした議論を踏まえた各国の行動計画が二〇一一年一一月のG20カンヌ・サミットに報告されることになった（図1―1）。ここで問題となったのは、一一月までという短い期間でどこまで実効性のある議論ができるかであった。五月にはIMFのドミニク・ストロスカーン専務理事の辞任という突発的な事件も起き、それまでG20議長国フランスの財務大臣として、この問題の調整を主導してきたラガルド財務大臣は、IMFの専務理事に転出することとなった。

図1-1　2011年のG20・G8プロセス

◉2011年のスケジュール

2月18〜19日	G20財務大臣・中央銀行総裁会議（於：パリ）
4月14〜15日	G20財務大臣・中央銀行総裁会議（於：ワシントン）
5月26〜27日	G8サミット（於：ドーヴィル）
9月22日	G20財務大臣・中央銀行総裁会議（於：ワシントン）
10月14〜15日	G20財務大臣・中央銀行総裁会議（於：パリ）
11月3〜4日	G20サミット（於：カンヌ）
→2012年	メキシコがG20議長国、米国がG8議長国

中国の胡錦濤国家主席が二〇一〇年末、フランスを訪問した際には、赤絨毯《あかじゅうたん》を敷いて、サルコジ大統領が迎えたと報道された。G20において政策協調の成果を上げるためには、中国の協力が不可欠だからである。前記の経済モデルやデータの準備にあたっては、IMFが中心となって作業をするが、それをどのように使って、政策協調を軌道に乗せていくかについては、議長国フランスの手腕が問われることになった。

G7とG20の政策協調の違い

一九八六年の東京サミットで合意された「多角的サーベイランス」の枠組みは、現在にいたるまで、G7のピア・レビュー（朋友による相互審査）の基本になっている。これをG20に拡大する作業を現在行っていることになる。政策協調の参加国を拡大できるかどうかは、ひとえに中国の出方にかかっている。さらに、中国がこの枠組みに合意したとしても、政策協調が、実効性を持つかどうかは、参加国がピア・レビューをどの程度、政策決定に反映させるかにかかっている。

その点、一九八六年の東京サミット後、政策協調が注目されていた時期、日本はかなり、政策協調に重きを置いたといえる。内需拡大のために積極的な財政金融政策を展開した。反面、米国の財政赤字削減努力は、それに比べて遅れ気味であった。そのため、米国の経常赤字の削減も遅れた。しかし、為替レート調整という政策協調の最重要部分が、プラザ合意後、急速に進んだので、経常収支不均衡は、時間はかかったものの確実に縮小した。

今回はこの為替レートの協調ができるかどうかが大問題である。中国は、為替は主権の問題であるとして、為替を政策協調の議論の俎上に載せることすら拒否している。こういう状況で、経常収支不均衡に対して、有効な対策について合意できるであろうか。中国のこれまでの頑《かたく》なな姿勢をみると悲観的になりがちだが、筆者は、成功の可能性はあると考える。それは、中国が国内経済に抱える様々な歪みを修正することが、中国自身の利益になり、それによって、対外不均衡の問題も緩和されるからである。これまで、中国経済が抱える問題について詳細に分析してきたのは、その処方箋を示すためである。

その際、日本が米国にアドバイスするとしたら、経常収支不均衡の是正には時間がかかることを自覚して忍耐強く取り組むようにということだろう。かつての日米経済摩擦の際には、一九九〇年代に入って、米国の経常赤字もかなり改善されていたにもかかわらず、クリントン大統領は、円高を誘導するような発言を繰り返して、日本に内需拡大圧力をかけ続けた。日米経済摩擦は引き続き深刻で、日米間の経済協議においてマクロ政策に加えて構造問題が議論された。大店法の改正や公正取引委員会の機能強化などは、そうした外圧を国内の改革の推進力として利用した成果といえなくもない。

しかし、米国の執拗な円高誘導によって、バブル崩壊後の日本のバランス・シート調整は一層困難になった。また、四三〇兆円にのぼる公共事業の実施計画の表明を日米合意に盛り込んだことは、明確な財政主権の侵害であるといった批判がある。日本が一九八〇年代後半以降、積極的なマクロ政策によって、経常黒字の縮小を目指した政策協調を誠実に実施したことを考えると、何とも割り切れない気持ちがする。当時、それほどまでに、米国は日本を経済的な脅威と感じていたということだろう。

しかし、米国の経常赤字削減のためには、米国自身の財政赤字削減や民間貯蓄率を上げるための構造改革が必要である。国内で必要な努力を怠って、失業などの国内問題の発生をすぐに外国のせいにするのは控えるべきである。十分な為替調整が行われた場合でさえ、それが、経常収支不均衡の改善をもたらすまでには、時間がかかる。中期的に地道な努力を続けていく必要がある。

その点、ガイトナー財務長官が、人民元の切り上げペースについて、一年間で実質一〇％

切り上がる見込みであるとして一定の評価をしていることが注目される。それが、三年継続すれば、三〇%切り上げられることになる。ただし、議会では中国に対する批判が高まり、保護主義圧力も高まっている。それを受けてガイトナー長官も、五月の米中戦略経済対話では改めて、人民元の一層の切り上げを強く求めた。

その後、一〇月に入って、米上院は、中国への「制裁法案」を六三対三五の賛成多数で可決した。この法案は、自国通貨の過小評価を誘導している国に対して、米政府が相殺関税などの手段を使って制裁を課すというものである。これは、「中国当局は為替操作による人民元安で中国の輸出を不当に促進し、アメリカの雇用を脅かしている」というアメリカの苛立ちを反映している。

中国政府は直ちに反対を表明し、両国間の「貿易戦争」を引き起こしかねないと警告した。今のところ、米下院では審議の見通しが立っておらず、大統領も署名に慎重な姿勢をみせているが、仮に下院でも可決されると、大統領は苦しい立場に立たされることになる。

中国側も外圧に屈したとはみられたくないので、強い警告を発したものの、貿易戦争に発展することは避けたいため、人民元の対ドルレートを引き続き緩やかに上昇させている。

なお、ドルに対する人民元の切り上げが再開された二〇一〇年六月以降の為替レートの動きをみると、人民元はドルに対して緩やかに切り上がる一方、ユーロや円に対しては切り下

図1-2　人民元を基準とした３通貨の為替相場推移（2005年７月〜）

出所：Bloomberg（NY市場、週次終値）

がっているので、貿易ウェイトで加重平均すると全体としては切り下がっている。すなわち、実効為替レートでは減価しており、貿易黒字を拡大させる要因となっている（図１―２参照）。

ゲーム理論と政策協調

ここで、政策協調へのゲーム理論の応用について簡単に触れておこう。政策協調における各国の戦略を分析する際に、ゲーム理論が役に立つことがある。

ゲーム理論では、各プレイヤーのアクションを、得失の観点から分析する。各国がそれぞれ、相手の行動を所与として、それに対して最適化行動をとる場合（非協調的行動）が基準となる（非協調的ゲーム）。これをナッシュ均衡と呼ぶ。協調が行われない場合と比べて、協調行動をとった場合、それによってよりよい均衡が得られる時には、政策協調を行った方が望ましいということになる。これは、囚人のジレンマといわれる状況である。

囚人のジレンマでは、相手が自白した場合でも、自白しない場合でも、自分は自白する方が、刑が軽くなる。そうすると、相手の行動がコントロールできない時、自分は自白した方がよい。そのため二人とも自白してしまう。しかし、お互いに自白しないということが確保できれば、二人とも自白する場合よりも刑が軽くなる。ここで問題になるのは、共通の利益のために、相手の行動を制約できるかである。これは、抜け駆けのインセンティブをいかに防いで、信頼関係を築けるかにかかっている。

国際的な経済政策の協調の場合は、①共通の目標に関する合意、②経済モデルに関する合意、③経済政策手段に対する合意、④合意された政策行動の履行の監視、などが必要になる。そこでまず、共通の目標とは何かが問題となる。経常収支不均衡問題については、それが過度にならないような政策が必要とされる。特に、国内経済の歪みによって、経常収支不均衡が拡大している場合や、逆に経常収支不均衡によって、国内経済に持続不可能な歪みが生じている場合などには、それを是正する措置をとる必要が生じる。

経常収支や成長率などのマクロ変数を共通の目標とする場合には、それを達成するために政策手段を特定しなければならない。その際、目標と手段の関係を示すマクロ経済モデルについて合意することが必要になる。マクロ経済モデルにもいろいろあることから、これについて厳密な合意を得るのは非常に難しい。たとえば、極端なケインジアンとマネタリストでは、同じ目標でも、それを達成するための政策提言は正反対になるだろう。

共通の目標の中でも、「自由で多角的な貿易体制の維持」は特に重要である。G20では繰り返し保護主義への抵抗にコミットしている。世界恐慌後の一九三〇年代に起こったような、通貨の切り下げ競争が保護主義につながってしまうような状況は、何としても回避しなければならない。また、金融の規制・監督の見直しも重要な政策協調のテーマである。これについては、第3章で金融危機の防止を議論する際に取り扱おう。

G20参加国は通貨マフィアが決定

もともと、G20（二〇か国財務大臣・中央銀行総裁会議）は、アジア通貨危機の経験を踏まえ、新興国を含めて国際金融システムについて議論するフォーラムとして、一九九九年に創設された（図1―3参照）。その際、G7の財務大臣代理レベル（G7D：Dは代理を表すDeputyの頭文字）で、どの国を参加国とするか議論された。我が国では国際問題担当の次官クラスである財務官がG7Dであるが、この時には、アジア太平洋地域の国がなるべく多く

図1-3　G20の歴史

1999年　第1回G20財務大臣・中央銀行総裁会議（於：ベルリン）
・先進国、新興国を含めた多国間の非公式対話のための新しいメカニズムを提供するため、アジア通貨危機後に設立。
・年1回の開催。首脳会合はなし。

↓

2008年　世界金融危機

↓

2008年11月　G20 ワシントン・サミット（金融危機に対処するため、首脳会合を初開催）
2009年 4月　G20 ロンドン・サミット
2009年 9月　G20 ピッツバーグ・サミット
G20ピッツバーグ・サミット首脳声明
「我々は、G20を我々の国際経済協力に関する第一のフォーラム（"premier forum"）として指定した」
2010年 6月　G20 トロント・サミット
2010年11月　G20 ソウル・サミット

注）上記首脳会合に加え、財務大臣・中央銀行総裁会議が年に数回開催*。同会合は、首脳会合の準備会合の位置付け。

* 2008年10月（ワシントンD.C.）、2008年11月（サンパウロ）、2009年3月（ロンドン郊外）、2009年4月（ワシントンD.C.）、2009年9月（ロンドン）、2009年11月（セントアンドリュース）、2010年4月（ワシントンD.C.）、2010年6月（釜山）、2010年10月（慶州）、2011年2月（パリ）、2011年4月（ワシントンD.C.）

参加できるよう働きかけた。その結果、アジア通貨危機の影響を受けた韓国、インドネシアや中国、インドといったアジアの新興国やオーストラリアなど、多くの国が参加することになった（図1―4参照）。なお、オーストラリアは先進国で金融も発展しているので、メンバーとなったが、当時は、オーストラリア・ドルがヘッジファンドによって不当に売られているとして、ヘッジファンドに批判的であった。当時、我が国も他の東アジアの国々と同様、ヘッジファンドによる投機が通貨危機の一因となっている疑いがあるとして、透明性の向上や規制強化の検討を求めていたので、国際金融問題に対する考え方が近かった。その他のメンバー国をみると、ブラジル、メキシコ、アルゼンチンは、当時、ラテンアメリカでの債務危機の常連であり、トルコも債務危機を何度か経験した国である。サウジアラビアは中東産油国の代表、南アフリカはアフリカ代表の位置づけである。こうして、アジア太平洋地域の国が多数参加する大臣レベルの国際フォーラムができたわけだが、第一回会合に、当時の宮澤大蔵大臣は参加しなかった。予算や税制改革、不良債権問題、国会審議などで多忙をきわめる大臣が国内での公務を優先したためである。

G7が一九八六年に創設されて以来、二〇〇〇年代初頭まで、G7の全世界（GDP）に対する割合は、七〇％近い圧倒的なシェアを占めてきた（図1―5参照）。この時期には、国際金融上の問題は、実質的にG7で決定することができた。そして、その決定のお膳立てをしたのが、G7Dであった。彼らは、電話で頻繁に連絡を取り合い、通貨マフィアと呼ばれた。欧州中央銀行（ECB）の前総裁であるトリシェ氏、現総裁であるドラギ氏、ガイトナー米財務長官、黒田ADB（アジア開発銀行）総裁は、皆、通貨マフィア出身である。

ところが、その後、そのシェアは急落し、直近では、五〇％近くにまで下がってきている。それと反比例するかのように、新興国のシェアが上がってきたわけだが、新興国を含むG20では、淡々と年一回、大臣レベルで集まって、世界経済と国際金融の問題について議論するにとどまっていた。それが、二〇〇八年九月のリーマン・ショック後、大きく事情が変化した。一〇月になって、米国のブッシュ大統領が、首脳レベルで世界経済と金融について議論するため、G20各国の首脳をワシントンに招待したのである。こうして突如、G20はサミットに格上げされ、次のオバマ大統領の時、二〇〇九年九月にピッツバーグで開催されたサミットで、「国際経済協力に関する第一のフォーラム」とされたのである。

G20の問題点

G20サミットが二〇〇八年一一月に設立された当初は、首脳間で世界経済の危機管理について トップダウンで議論するという形で運営され、文字通り、第一のフォーラムとして機能した。しかし、危機が去るにつれて、次第に推進力を失ってきた。大きな懸案がなくなるに

図1-4　G7とG20の関係

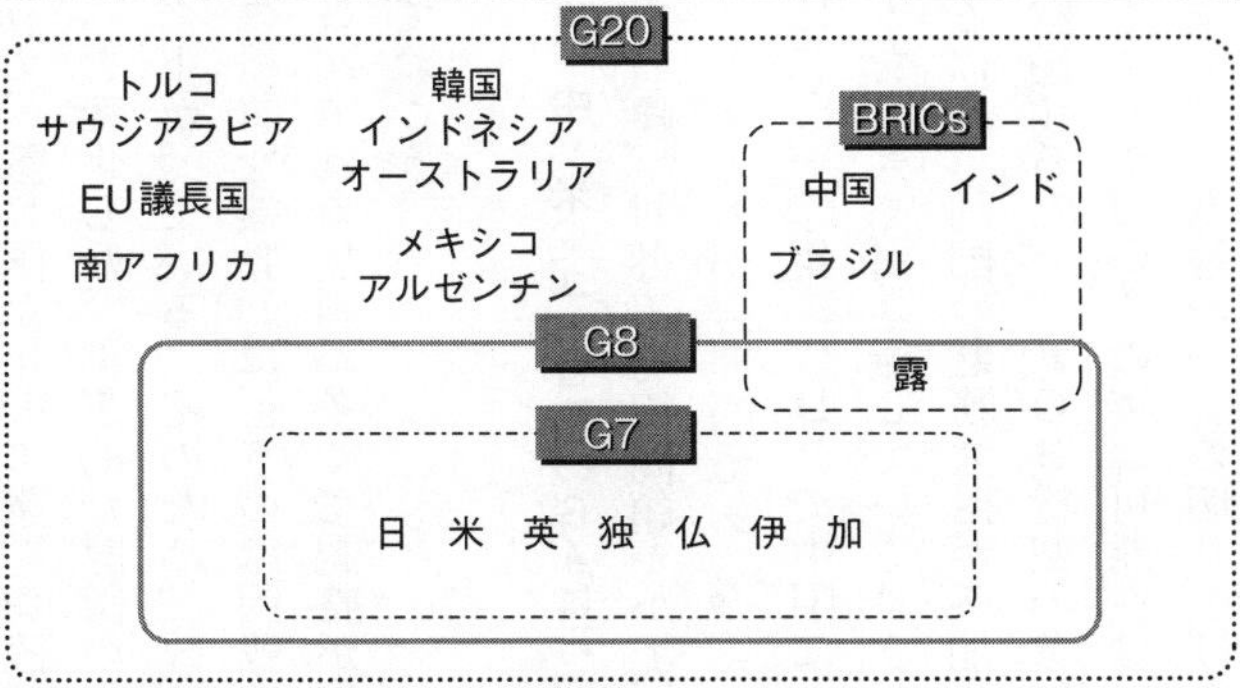

図1-5　国際的な経済協調の枠組み

●G7の全世界（GDP）に対する割合（1973～2010年）●

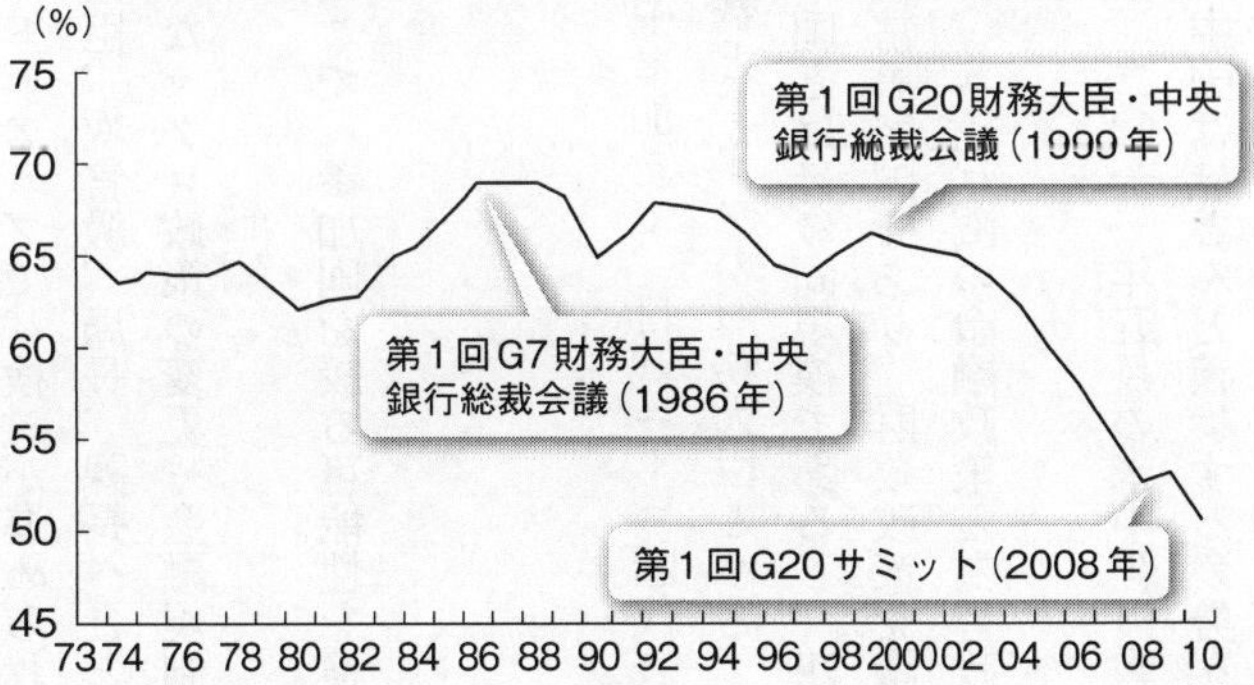

出所：IMF世界経済見通し

つれて、議長国が年間の議題を設定し、それに沿って、ボトムアップで、検討が進められる形へと変化した。実質的な討議の担い手が、首脳から、大臣、次官級、局長、課長へとどんどん下がっている。そのため、政治的な決断を要するようなマクロ政策の変更や金融規制改革の検討を機動的に行うのは困難になってきている。

G20では参加国が多くて調整が容易でないことから、ここで、参加国を絞る可能性を検討しておこう。

日、中、米、ユーロ圏のG4は可能か

その際、対外不均衡問題を少人数で議論するには、米中に加えて、日、ユーロ圏代表のG4とするのが合理的である。ユーロ圏代表はECB総裁とドイツの財務大臣とする。日本は二〇一〇年にGDPで中国に抜かれたが、現時点で中国とはほぼ同規模であるし、四位以下を大きく引き離している。また、日独は中国に次ぐ経常黒字国であり、財政政策を議論するには、両国の財務大臣が参加する必要がある。さらに、ユーロ圏の金融政策と為替政策を議論するため、ECB総裁の参加が必要である。

さて、このG4の実現可能性はいかがであろうか。まず、二〇一一年五月の米中経済戦略対話では、為替の一層の切り上げを求める米国に対して、中国はほとんど譲歩する姿勢を示

していない。代わりに、米国に対してハイテク製品の輸出緩和を求めている。いわばG2である米中間においてさえ、対外不均衡問題については、完全なすれ違いに終わっているのだから、G4でも同様だろう。

G4では日独が黒字国であり、赤字国は事実上（ECB新総裁に就任したドラギ氏の出身国イタリアは赤字国であるが）米国だけであるから、中国は不均衡問題で、黒字国による多数派を形成できて有利であると考えるであろうか。しかし、中国は為替を割安に維持して輸出主導の経済発展を図るのは、途上国としての中国の権利だと考えている。そういう意味では、先進国グループの中に、自分だけ加わるのは不利であると考えるだろう。

中国は、国際社会においては、国連の安全保障理事会で拒否権を持つ五大国であることによって、その優越的な地位を確保することを重視している。経済問題については、四月に中国の海南島で開催したBRICs（ブラジル、ロシア、インド、中国。最後のsは複数形を表す小文字のs）首脳会議において、南アフリカを正式メンバーに加えてBRICSとした。

その首脳宣言を読むと南南協力（途上国同士の水平的な協力）の進め方などに、中国の伝統的な考えが色濃くにじんでいる。首脳宣言を読んだ中国国民は、BRICSの盟主は中国であることを間違いなく読み取れるようになっている。したがって中国は日米ユーロ圏の先進国グループとともにG4を作るよりは、BRICSを含む新興国が参加しているG20をそのまま維持する方が有利だと考えて、現状維持を選択するであろう。以上は、首脳レベルのグループ、つまり、サミット参加国の検討である。財務大臣・中央銀行総裁レベルでは、中国の政治構造の特殊性が問題となる。

中国の政治構造の特殊性

中国では、一九七八年末以降、改革開放政策によって、社会主義市場経済を発展させてきた。文化大革命などのひどい社会的混乱を経験しているので、社会が安定した上で、生活を向上させることができる現在の状況は、多くの人に支持されている。人々の向上意欲は強く、経済に活気がある。しかし、政治的には、中国共産党に権力が集中しているため、政治的決定においては、党における序列が重要である。これは、マクロ経済政策の決定においても同様である。

日本を含む先進国や中国以外の新興国では、政府内における財務大臣の地位が高く、通常、首相や大統領に次ぐ実力者となっている。また、先進国においては、中央銀行の独立性は高い。したがって、G７で協調介入や協調利下げなどの実質的な決定を機動的に行うことができる。しかし、中国では状況が少々異なる。党では、中央政治局の二五人のうち、九人の常務委員が最高指導部である。その下に一七九人の中央委員がいる。中国で財務大臣にあたる財政部長や中央銀行総裁にあたる中国人民銀行長は、党では中央委員となっている。また、政府は国務院という組織形態をとっているが、日本の省庁にあたるのは、部・委員会で二七ある。財政部や中国人民銀行はその中の一つである。

中国では、マクロ経済政策は、党、国務院、国家発展改革委員会、財政部、人民銀行という経済官庁が、多層的に政策決定している。また、為替、外貨準備に関する権限は、財政部ではなく中国人民銀行に帰属している。米国では為替と金融規制が主要関心事項なので、金融為替担当かつ対外経済担当の王岐山副総理をガイトナー財務長官のカウンターパートに選んでいる。しかし、マクロ経済政策や財政を担当しているのは、筆頭副総理の李克強氏である。

このように、中国独自の政治体制のため、財務大臣や中央銀行総裁の集まりに単純に中国を加えるという案は、なかなか、うまくいきそうにない。

人民元の国際化

さて、前記の組織上の問題は、かなり複雑であるが、仮に、この問題が克服できたとして、次に問題になるのが、人民元の国際化である。現在、IMFの特別引出権（SDR）を構成する通貨は、ドル、ユーロ、ポンド、円の四つである。二〇一一年のG20の議長国フランスは、このSDRの構成通貨を新興国の通貨に拡大する可能性を検討することを年間の議題に掲げている。そこで、現在、IMFのもとで、SDRの構成通貨とするためには、どの程度、資本取引の自由化が求められるのか検討が進められている。これは、SDRの構成通貨は、資本取引に制限がない自由交換通貨であり、為替市場において自由に取引されることが原則だからである。将来、人民元が国際化されて、SDR構成通貨になる時が来れば、SDR構成通貨国である、米国、英国、日本、そしてユーロ圏を代表して、ECB総裁とドイツの財務大臣に、中国を加えた、(先に検討したG4+英国の)新G5が国際通貨政策について緊密に協議することになるかもしれない。

中国の為替制度の変遷を、日本の例と比較してみると、図1―6にみるように、ものによっては、四〇年から五〇年遅れているものもある。一方、最近、人民元の国際化に向けた動きが加速している。①二〇一一年八月には、人民元建て貿易決済の国内テスト対象地域を二〇省から全土に拡大し、②貿易決済の実績も、二〇一〇年の五〇六三億元から二〇一一年第1〜3四半期には、一兆五四一〇億元へと増加し、③一〇月には、人民元建て対内直接投資が正式に解禁された。また、④九月にはナイジェリアが、一一月にはタイが外貨準備として人民元を保有することを発表した。さらに、一二月二五日に北京で行われた日中首脳会談において、日中両国の金融市場の発展に向けた相互協力の強化が合意された。合意事項は、①両国間のクロスボーダー取引における円・人民元の利用促進、②円・人民元間の直接交換

図1-6　中国の為替制度の変遷

～1978年　政府による計画貿易における公定レート
1980年　IMFに加盟、外貨兌換券の導入
1981年　公定レートと市場レートの二重相場制の導入
1994年　二重相場制・外貨兌換券の廃止、
為替相場の一元化・管理変動相場制
（実質的な米ドルペッグ制）に移行
上海外貨管理センターの設立
外貨集中制の導入
1996年　IMF8条国へ移行（経常取引の自由化）
2001年　WTO加盟
2005年
7月21日　「通貨バスケットを参照しつつ、市場の需給に基づく管理変動相場制度」へ移行
1ドル＝8・28元から8・11元へ約2％切り上げ
（注1）　一日あたりの変動幅
対米ドル±0・3％→±0・5％（07／5～）
対非米ドル±1・5％→±3・0％（05／9～）
（注2）　2008年7月から為替レートを事実上再固定化。2010年6月の人民元柔軟化に関する発表を受けて変動が再開
2009年　人民元による貿易決済の解禁

【参考】日本の例
1949年　1ドル＝360円の為替相場を決定
1950年　外貨集中制の導入
1952年　IMF加盟
1955年　GATT加盟
1960年　円為替・自由円勘定の導入
1964年　IMF8条国に移行、OECD加盟
外国為替予算廃止
1971年
8月　ニクソンショック
12月　1ドル＝308円へ平価切り上げ
1972年　外貨集中制を廃止
1973年
2月　変動相場制へ移行
1980年　外為管理法の改正
（原則許可から原則自由へ）
1984年　日米円ドル委員会
先物取引の実需原則の撤廃
1985年
9月　プラザ合意
1998年　外為管理法改正
（為銀主義の廃止、為替取引の全面自由化）

市場の発展支援、③円建て・人民元建て債券市場の健全な発展支援など五項目である。また、人民元を日本の外貨準備に組み入れるため、中国国債投資に対する申請プロセスが進行中である。今回の日中金融協力については、人民元の国際化にとって画期的な意義を持つなどとして中国側でも高く評価されている。ただ、先述したように中国の国内事情によって、金融の自由化・国際化にはなおかなり時間がかかると思われるので、新G5が将来実現するとしても、かなり先のことであろう。

第2章　世界金融危機と政策協調

I——金融危機の展開と政策対応

第1章では、政策協調の基礎知識について解説した上で、経常収支不均衡をめぐる政策協調に焦点を絞って分析した。第2章では、世界金融危機下の政策対応を、金融危機対応や財政金融為替政策の協調の観点から、より幅広くみていこう(図2—1参照)。

サブプライム危機

二〇〇七年夏のパリバ・ショック(八月にフランス最大手のパリバ銀行が、住宅担保証券の運用に失敗した傘下の二つのヘッジファンドで投資分の解約の一時停止を発表)以来、二〇〇七年九月、英国のノーザン・ロック銀行の取り付け、二〇〇八年三月のベア・スターンズ(全米五位の投資銀行)の破綻(J・P・モルガン銀行への救済合併)と金融市場を揺るがす大事件が続いた。そのため、二〇〇八年九月のリーマン・ショック以前でもすでに、欧米の金融市場はかなりの緊張下にあり、各国の中央銀行による流動性供給によってようやく小康状態を得

図2-1　G7／G20等の国際会議で議論されてきた危機への対応策

- **金融危機への対応**
  中央銀行による流動性供給、預金保険、銀行の債務の保証、公的資金による資本増強、不良資産の切り離し、国営化、企業再生、市場対策など
- **実体経済減速へのマクロ経済政策による対応**
  金利引き下げ、非伝統的金融政策、減税・公共投資などの財政拡大、出口戦略の検討
- **途上国支援**
  IMF・世銀・アジア開銀などの国際金融機関の活用、地域的な連携、二国間支援の可能性、輸出信用機関や貿易保険も活用した貿易金融の促進
- **金融セクターの規制・監督体制の見直し**
  資本規制、レバレッジ規制、報酬体系、流動性リスク、オフバランスのSPC等、格付機関、投資銀行・ヘッジファンド等の非預金受入機関、システム上重要な機関、OTCの派生商品の集中決済、会計基準、監督カレッジ、クロスボーダーの破綻処理制度、マクロ・プルーデンス、監督体制等の見直し
- **国際金融機関・制度の改革**
  IMFの資金基盤強化・支援手法改善、IMFや世銀のガバナンス、世銀及びアジア開銀等地域開発銀行の増資問題、金融安定化フォーラムのメンバーシップと強化（金融安定化理事会への改組）、G20とG8・G7の関係等の見直し

ているという状況にあった。

米国では二〇〇六年末までに住宅価格がピークに達し、その後の下落によって、サブプライム・ローンの延滞率が上昇し、住宅ローン会社の経営が悪化した。また、サブプライム・ローンをもとに組成された住宅ローン担保証券（RMBs）、さらにそれを組み込んだ債務担保証券（CDOs）などの証券化商品の価格が大きく下落した。一方、銀行が設立した特定目的会社は、これらの証券化商品に投資するにあたり、証券化商品を担保としたコマーシャル・ペーパー（ABCP：資産担保付約束手

形）で資金を調達していた。

証券化商品は何度も組成を繰り返すことにより、個別の住宅ローン等の原資産との関係がわかりにくくなっていた。そのため、どの商品にサブプライム・ローンがどの程度含まれているのかわからず、疑心暗鬼から証券化商品の取引が極端に細って値がつかない状態になった。

こうして証券化商品は換金が難しくなると同時に価格が暴落して担保価値を失った。そのため、特定目的会社ではＡＢＣＰの発行が難しくなり、流動性危機に直面した。親銀行は特定目的会社に対して流動性の供給を約束しているケースが多かったため、金融支援するか、その資産を引き取って自らのバランス・シートに載せるかした。

また、明示的にクレジット・ライン（信用供与枠）を設定していない場合でも、金融市場における顧客とのビジネス関係の維持や評判に対する配慮から、特定目的会社の資産・債務を引き継ぐケースが多かった。このため、シティ・バンク銀行など米国の大手銀行の経営が悪化し、政府による救済が必要になった。また、欧州の銀行も証券化商品を大量に保有していたため、金融ショックは大西洋を越えて、欧州市場を揺さぶった。

システミック・リスク

ところで、シティ・バンクなどの商業銀行は決済システムを担う預金取り扱い金融機関であり、ＦＲＢ（連邦準備制度理事会）の監督を受けていた。決済システムはあらゆる経済活動を支える基本的なサービスであるという意味で公共的な性格を帯びている。また、それは相互に密接につながっているため、一つの銀行が破綻すると、他の銀行も流動性危機に陥り、銀行破綻がドミノ倒しのように連鎖していく恐れがある。これが、システミック・リスクである。

これは銀行の資産・債務構造に起因している。銀行のビジネスは預金で資金調達して、企業向けに貸出を行うのが基本である。貸出については、一部貸し倒れするリスクがあるので、銀行は株主から払い込まれた資本や過去に蓄積した利益からなる自己資本を持っている。しかし、自己資本比率は総資産の数パーセントに過ぎず、貸出の大半は預金などの借入によって賄われている。預金は貸出に比べて流動性が高い。当座預金や普通預金などはもちろん、定期預金についても利子を放棄すれば、すぐに引き出すことができる。それに対して、企業への貸出はすぐに資金回収をすることはできない。

したがって、銀行経営に不安を持った預金者が銀行に一斉に駆けつけると、銀行は預金の払い戻しに応じられない。すなわち、資産超過であり時間をかければ債務を完済できるにもかかわらず、資金ショートによって破綻してしまうのである。こうした時には、中央銀行は最後の貸し手として問題の銀行の店頭に大量の現金を運んで、現金を預金カウンターに山積みすることによって預金者の不安を鎮静化させなければいけない。

このように、システミック・リスクに対応するための政府の介入は、本来、決済システムを担う銀行に限定されたものである。政府の介入が正当化されるのは、決済システムの公共性に加え、情報の非対称性によって、市場に任せていただけではうまくいかない市場の失敗が存在するからである。銀行に財務情報の開示（ディスクロージャー）を求めても、銀行の経営者と投資家や債権者との情報ギャップは残る。

さらに、多くの小口の預金者にとっては、預金するにあたり、財務諸表など公表されている情報を吟味している時間はない。そこで、預金者保護のために金融機関に対する規制・監督が必要になる。規制は銀行による過度のリスク・テークを制限して、財務の健全性を確保するために行われる。また、日頃の監督によって、財務の健全性をチェックしていれば、根拠のない噂などによって健全な銀行が一時的に流動性危機に陥った際には、中央銀行から流動性を供給することによって、危機を乗り切ることができる。

今回の金融危機では、市場で資金を調達していた投資銀行などのシャドー・バンキング・システム（預金を取り扱わないため、健全性規制に服しない影の銀行システム）が市場で資金調達ができず破綻に瀕した。このため、伝統的な預金の取り付けと対比して市場での資金の取り付けによる市場型システミック・リスクと呼ばれる。

リーマン・ブラザーズの破綻

ここで、リーマン・ブラザーズを救済すべきだったかどうかが問題となる。リーマンは決済システムを担っておらず、FRBの監督を受けていない。預金を取り扱っていないので、預金保険機構にも加盟していない。企業の資金調達や、証券化商品の組成、機関投資家相手の債券売買など、プロ相手のビジネスを行っている。このリーマンの経営危機に対して政府は関与すべきだったであろうか。三月のベア・スターンズの時には、FRBや財務省が関与して、J・P・モルガンへの救済合併をアレンジした。これを受けて、マーケットは大きな金融機関はつぶれないと安心した。

しかし、リーマンは救済されなかった。ニューヨーク連邦準備銀行は主要行を集めて、リーマンの救済合併先をアレンジしようとした。バークレイズ銀行が合併に関心を示したが、ベア・スターンズの際と同じような政府支援が条件であった。しかし、ポールソン財務長官は、財政支援を拒否した。一説には、ゴールドマン・サックス証券の剛腕経営者として鳴らした長官が、ブラフ（はったり）をかけたといわれている。すなわち、強く出ることによって、バークレイズ側が折れることを期待していたというのである。また、バークレイズが支援の条件を引き下げてくれれば、長官は受け入れるつもりだったともいわれている。

ただし、ベア・スターンズの救済では市場を安定させることはできたが、政治的には強い批判を浴びていた。また、安易な救済は、モラル・ハザード（倫理の欠如）を生む。政府による救済を期待して、経営者が過度のリスク・テークを行うようになってしまうからである。実際、リーマンはベア・スターンズが救済された後、もっと積極的にポジションを整理して、レバレッジ（借入比率）を下げておくべきだった。FRBのバーナンキ議長は、リーマン破綻後、救済することはできなかったのかと問われて、資産内容が悪く救済は不可能だったと述べている。確かに、破綻後にわかったリーマンの資産の毀損《きそん》度は非常に大きかった。

しかし、全米五位のベア・スターンズは救済して、全米四位のリーマンは救済しないという基準の不明確さに市場は戸惑った。リーマン破綻のニュースが広まると市場は恐慌状態に陥って、流動性が枯渇した。ポールソン長官は、三月のベア・スターンズ破綻後、市場参加者に対して、自己責任によるリスク管理を求めていたので、半年もたった時点で、他行もある程度準備はできているはずであると考えていたといっている。しかし、リーマン・ショックは財務省やFRBの予想をはるかに超えた衝撃を世界に与えた。ここから、何でもありの政策対応を余儀なくされていく。

緊急危機対応

二〇〇八年九月一五日のリーマン・ショックの直後、一〇月一〇日にワシントンで開催されたG7では、五つのポイントからなる行動計画が発表された。①システム上重要な金融機関の破綻を回避するため、あらゆる手段を活用する、②金融市場の機能を回復し、金融機関の流動性を確保するため、すべての手段を講じる、③金融機関が信認を回復できるよう、公的資金を含めて資本増強を図る、④預金の安全に対する信任を維持できるよう、各国の預金保険・保証プログラムの頑健性と一貫性を確保する、⑤証券化商品の流通市場を再開させるための行動をとるとしている。

この行動計画に沿って、各国は矢継ぎ早に対策を打ち出した。第一に、預金の保護や銀行の債務の保証については、米国が一〇月一四日に決済預金の全額保護、また、金融機関の無担保債務について連邦預金保険公社（FDIC）が三年間保証する制度を発表した。欧州やアジア太平洋地域でも預金保険の上限額の引き上げや全額保護、債務の保証などの措置がとられた。第二に、公的資金による資本注入については、米国で一〇月三日に成立した緊急経済安定化法に基づき、総額七〇〇〇億ドルの不良資産救済プログラム（TARP）が発足した。

同プログラムは当初、不良債権の買い取りを目的としていたが、適正な買い取り価格の決定が困難であったことから、優先株などの買い取りによって資本注入するスキームに転換された。結果的には、不良資産買い取りよりも、資本注入の方が、金融仲介機能の回復には即

効性があったと思われる。資本比率規制のもとでは、資本注入によって、その数倍の資産

（貸出など）拡大を支えることができるからである。欧州でも一〇月一二日にユーロ圏の緊急首脳会議が開催され、資本注入を柱とする共同行動計画が採択された。これに基づき、各国が資本注入を実施した（中尾「グローバル金融危機への国際的対応」参照）。

各国中銀による金融システム安定化措置

公的資金の注入や金融機関の救済には、財政資金が使われるが、金融危機によって緊張した市場に、流動性を供給するのは中央銀行の仕事である。前者は金融機関の支払能力（ソルベンシー）が危うくなった時の対応である。この場合には、支援によって損失を被るリスクが大きい。そのため、議会の承認などの政治的手続きが必要になる。一方、後者の場合には市場が落ち着けば、問題は一過性のもので終わる可能性が高い。短期金融市場での金融調節は、普段から中央銀行が行っているので、緊急時にも中央銀行の判断だけで対応できる。

しかし、二〇〇七年八月にパリバ・ショックが起こった際には、ＥＣＢが市場に供給した流動性の額があまりに大きかったため、かえって、欧州におけるサブプライム問題の影響の深刻さを印象づけることとなった。市場の緊張を測る代表的な指標が、ＴＥＤスプレッドである。これは、米国債である米財務証券（Treasury Bill）のドル金利（T）とロンドンの銀行

間市場のドル金利（ＬＩＢＯＲ：Euro Dollar のＥＤ）との金利格差である。つまり、リスク・フリーの米財務証券を基準として、銀行間金利がどの程度上乗せ金利を要求されているかというもので、銀行の信用リスクを測る指標である。

金融不安が高まって、銀行同士がカウンター・パーティー・リスク（取引相手の信用リスク）に敏感になり、銀行が市場に資金を出し渋ると、このスプレッドが上昇する。金融機関の破綻や銀行の新たな損失など悪いニュースが出る度に、このスプレッドが上昇し、各国の中央銀行が流動性を市場に供給して、鎮静化させるという動きが繰り返された。

特に、米国のＦＲＢは次々と果断な金融安定化措置を実施した。ＦＲＢは資金の供給にあたって、より期間の長いもの、より幅広い担保、より広範な資金供給対象者へとオペレーションを拡大していった。たとえば、ベア・スターンズが破綻した二〇〇八年三月には、プライマリーディーラー（財務省が指定した大口の国債投資家）である証券会社を対象に、投資適格の証券を担保として貸出を開始した。ここまではまだ優良な担保をとって金融機関に資金を供給するという意味で、ぎりぎり伝統的な金融政策の範囲に入る。

しかし、リーマン・ショックによって、金融市場が完全に凍りついて機能停止状態に陥ると、市場を蘇生させるため、信用市場で直接クレジット・リスクをとるオペレーションを次々に導入した。いわゆる「非伝統的な金融政策」の領域に踏み込んだのである。ニューヨーク連銀は、CP（コマーシャル・ペーパー）三か月物の買い取りや、適格ABS（資産担保証券）を担保にした貸付を行った。さらに、FRBは、ファニーメイやフレディマックなど住宅関係のエージェンシー債や長期国債など、長期証券の買い取りも行った。

今回の世界金融危機では、米国以外の金融市場でのドル資金の不足が顕著であった。特に、米国で組成された証券化商品に大量に投資していた欧州の金融機関でそれは大問題となった。欧州の金融機関は、市場で調達した短期のドル資金をもとに、ドル建ての金融資産（流動性の低い証券化商品など）に投資していた。しかし、危機が起こると、どの金融機関も安全性を重視して、ドル資金を手放そうとしなくなったので、市場でドルが不足した。

そこで、FRBは各国の中央銀行とスワップ協定を結び、各国通貨を担保にドル資金を供給して、各国のドル供給オペを支援した。ドルの発券銀行としての責任を果たした措置ということができる。中央銀行は、最後の貸し手として、緊急時に市場に流動性を供給する役目を担っているが、資本市場が国際的に統合される中で、中央銀行同士が国際的に連携して、金融市場の安定を図ったのである。FRBのスワップ協定は、二〇〇七年一二月の発足当初は、欧州中央銀行（ECB）、スイス国民銀行、その後、日銀、イングランド銀行、韓国銀行など合計一四か国の中央銀行と結ばれた。

我が国の対応（米国の対応との対比）

　ＦＲＢ同様、日銀も、オペレーション期間の長期化、適格担保の拡大に加え、ＣＰ買入れ、社債買い入れなどの措置を実施したほか、ＦＲＢとの円・ドルスワップで調達したドル資金を民間銀行に供給した。さらに、我が国の場合には、政策金融による信用補完も積極的に活用された。日本政策金融公庫の国内部門と国際部門（国際協力銀行：ＪＢＩＣ）、政策投資銀行、信用保証制度の活用などである。その典型例が、国際協力銀行による海外事業支援緊急業務である。

　具体的には、我が国企業が海外事業に必要なドル資金の供給である。また、我が国銀行に対して長期のドル資金を供給することを通じて、中堅企業の海外事業の資金繰りを支援するツーステップ・ローンである。さらに、こうした国際協力銀行の業務を支援するため、臨時異例の措置として、外貨準備から同銀行への貸付が実施された。

　こうした我が国における政策金融の危機対応をみると、米国では政策金融が我が国ほど整備されていないため、ＦＲＢ自体が本来は財政の機能とされるような役割まで果たさざるをえなかったともいえるだろう。高給を享受してバブルに踊ったウォール・ストリートに対する国民の反感は強かったので、銀行救済は大変不人気な政策であった。そのため、ＦＲＢは議会による政府批判の矢面に立たされることになった。

G20金融サミットの開催

G20（二〇か国財務大臣・中央銀行総裁会議）は、先にみたように、一九九九年以来、新興国と先進国が、国際金融システムのあり方や世界経済について議論するフォーラムで、年一回、開催されてきた。二〇〇八年一一月八、九日にブラジルのサンパウロで開催されたG20は、一週間後にワシントンで開催が決まった首脳会合の準備会合としての意味を持った。

これに先立つ一〇月一〇日のG7（七か国財務大臣・中央銀行総裁会議）ワシントン会合では、金融システムの安定を維持するためのシステミック・リスク対策に焦点があり、マクロ経済政策については、「必要かつ適切な場合には、マクロ経済政策上の手段を活用する」と短く言及されているだけだった。しかし、G20サンパウロ会合では、経済の安定化のために、財政政策を活用することとの重要性が強調されている。コミュニケでは、財政政策は「経済を安定化させ、市場及び経済活動に対する金融危機の負の影響を緩和する上で重要な役割」を果たすとして、「財政の持続可能性の重要性は認識しつつも、各国の状況に応じて政策の柔軟性を活用すべき」としている。これは、金融危機の影響が実体経済に及んで、経済危機の様相が強くなったので、強力な需要対策が必要になってきたためである。

また、「世界経済におけるウェイトの変化をより良く反映して」、IMF（国際通貨基金）、世界銀行（国際復興開発銀行：ＩＢＲＤ）を変革する必要性を強調した。さらに、「より広範な新興国を含むよう、金融安定化フォーラム（ＦＳＦ）の参加国を拡大すべき」とした。ＦＳＦは、一九九九年のＧ７会合において設立されたフォーラムで、金融の安定に関する制度や金融市場の監督・サーベイランス（政策監視）に関する国際協力の強化によって、国際金融の安定を図ることを目的としている。

一一月一四、一五日にワシントンで開催された金融・世界経済に関する首脳会合（Ｇ20金融サミット）では、①国際社会が危機に一致して対応し、金融機関の監督に協調して取り組む必要性、②金融機関への過剰規制を回避する必要性、③保護主義に対抗し、また、ドーハ・ラウンド交渉（ＷＴＯの多角的貿易交渉）を早急に進めることの重要性、④ＩＭＦ等の国際機関における途上国の発言権向上、十分な資金基盤の確保の必要性、が強調された。首脳宣言では、国際会計基準や金融機関の報酬慣行の見直しなどに関する「行動計画」が期限付きで打ち出され、財務大臣にその策定を要請した。

財政政策面での政策協調

このように、リーマン・ショック直後の一一月に開催されたＧ20金融サミットでは、積極的な財政金融政策の発動で各国の足並みがそろった。グローバリゼーションが進展した世界では、どこか一国で発生した危機が、瞬く間に世界中を駆け巡る。さらに、リーマン・ショックは、世界経済の中心地で起こった危機であったため影響は甚大であり、各国が自衛のために自発的に政策を発動したという側面が強い。つまり、この時は、国際協調の要請と各国の国内的な要請の間に矛盾がなかったのである。

IMFでは、世界的な景気後退に対抗するため、各国が一致して、GDP（国内総生産）比二％規模の景気対策を実施するよう呼びかけた。

中国では、二〇〇八年一一月に、二〇一〇年末までの三年間に四兆元（約五六兆円、GDP比約一三％）の投資を実施すると発表した。対策の実施にあたっては、初めて地方債の発行が認められた。また、消費刺激策として自動車と家電の購入促進策がとられた。韓国でも、二〇〇八年一一月に総額一四兆ウォン（GDP比約一・六％）規模の経済難局総合対策、二〇〇九年一月に約五〇兆ウォン（GDP比約五・五％）のグリーン・ニューディール政策が打ち出された。後者は、環境に配慮した公共投資中心の対策である。さらに、東アジア各国で雇用対策や中小企業支援、公共投資、自動車購入支援策等の多様な対策が実施された。

欧州では、二〇〇八年一一月に欧州委員会が、「欧州経済回復プラン」を提案し、一二月の欧州理事会で採択された。このプランは、二〇〇九年、一〇年を対象に、各国予算とEU（欧州連合）予算合計で総額二〇〇〇億ユーロ（EU全体のGDP比約一・五％）規模の裁量的財政政策を行うというものである。政策の実施にあたっては、①迅速に実施すべきであり、②財政赤字が恒常化しないよう一時的な歳出増、減税でなくてはならず、③対象は重点化すべき、という三原則を掲げている。これを踏まえ、各国は相次いで財政刺激策を発表した。ドイツ一〇〇〇億ユーロ、フランス二八四億ユーロ、イタリア八〇〇億ユーロ、スペイン四九〇億ユーロなど、主要国だけで目標を上回る規模となった。二〇〇九年から一〇年にかけてEU全体の財政刺激策の規模は、裁量的支出がGDP比約一・八％、ビルト・イン・スタビライザー（財政の自動安定化機能）の効果（同三・二％）を合わせると合計で同五％となっている。財政の自動安定化機能とは、景気減速期に税収が減少する一方、失業手当などの歳出が増加することによって、財政赤字が拡大し、景気下支え効果を発揮することである。欧州の場合は、大きな政府であるので、財政の自動安定化機能も大きい。

米国では、二〇〇九年一月に就任したオバマ大統領が、就任後一か月弱という異例の速さで、米国再生・再投資法を成立させた。これは、総額七八七二億ドル（GDP比約五・五％）に及ぶ過去最大規模の景気刺激策である。その内容は、勤労者向けや設備投資の減税、失業保険などセーフティーネットの充実等である。さらに、中長期的な成長強化策として、環境エネルギー対策、道路、橋梁、高速鉄道への投資等が盛り込まれた。

二〇〇九年二月にローマで開催されたG７では、各国政府による財政政策の活用、中央銀行による政策金利の引き下げや非伝統的金融政策の活用によるマクロ経済政策の重要性が強調された。特に、財政政策の実施にあたっては、各国の政策を連携して実施することにより効果が増大することを強調している。

これは、一国だけで財政拡大を行うと、貿易を通じて効果が他国に漏れてしまうからである。財政拡大を行うと内需が拡大して、需要の一部が輸入に回る上、外需から内需への転換によって輸出が減る。その上、財政赤字によって金利が上昇し、それによって自国通貨が強くなるとさらに貿易収支が悪化する。失業が深刻な時に財政刺激策をとると景気拡大効果があるものの、財政が悪化する。したがって、需要刺激効果が外国に漏れると、財政刺激策を控えようとするインセンティブが働く。また、外国の財政刺激策にただ乗り(フリーライダー)しようという誘惑も生じる。そのため、意識的に政策協調をする必要性が高いのである。

中・東欧の通貨危機

世界的な金融収縮の影響を受けて、中・東欧など、それまで海外からの大規模な資本流入によって高成長を遂げていた諸国が通貨危機に襲われた。欧州では、EUの東方拡大を受けて、二〇〇〇年代に西欧と中・東欧の金融面での結びつきが急速に強まった。二〇〇四年から二〇〇七年の世界好況期に、高成長の新興国へ巨額の外資が流入した。

海外投資家が新興国の経常赤字の増大に警戒感を強めた二〇〇八年七月以降、ポーランド、ハンガリー、チェコの為替相場はユーロに対して下落を始めた。ポーランドの通貨ズロチは二〇〇九年一月には、対ユーロのピーク時と比べて四〇％弱も下落し、ECBから一〇〇億ユーロの支援を受けた。

ハンガリーでは二〇〇六年の国政選挙の際に、政権党によるばらまきが行われ、財政赤字が対GDP比一〇％まで膨らんだ。EU諸国は財政赤字を三％以下に維持する義務があるため、欧州委員会の指導を受けて翌年から緊縮財政を余儀なくされた。これにより、二〇〇七年の成長率は一・一％。二〇〇八年は〇・九％と景気は低迷した。そこに世界金融危機が起こったため、ハンガリーの通貨フォリントは急落した。二〇〇八年一〇月にECBから五〇億ユーロの供給を受けて介入し、政策金利を三％引き上げて一一・五％として通貨の安定を図った。しかし効果なく、EUとIMF共同のスタンバイ・クレジット協定によって二五〇億ドルが供与されることとなった。

バルト三国ではユーロを導入するため、厳格な固定相場制をとっていたが、資本の流出により深刻な影響を受けた。エストニアでは銀行貸出に対する事前の引き当て（損失に備えて準備金を積んでおくこと）等の政策をとっていたので、三か国の中では危機の影響が最も少なく、健全財政を維持できた。そのため、二〇一一年にユーロ圏への加盟を果たした。ラトビアは危機の影響が最も深刻で、EUとIMFの支援プログラムのもとで、ユーロへのペッグを維持しながら、厳しいデフレ政策をとり、二〇〇九年の成長率はマイナス一八％となった。

このほか、EUではルーマニア、ポーランド（与信枠設定）が、また、EU外では、ウクライナ、アイスランド、ベラルーシ、セルビアがIMFの支援を受けた。中・東欧で多くの国が危機に陥ったのは、西欧諸国との金融統合および資本移動という要因に加えて、実物面での危機波及の経路も働いた。西欧諸国、特にドイツにおいては、二〇〇八年第4四半期から二〇〇九年第1四半期にかけて、輸出の急減によって生産が大きく落ち込んだ。これがドイツの生産基地であった、中・東欧諸国の輸出を直撃したのである。

欧州とアジアの新興国の比較

新興国の通貨危機が、欧州において最も深刻であったのは、欧州の金融面での統合が深化するにつれて、新興国の対外借入とその裏返しである経常赤字が非常に大きくなったためである。ポーランド、ハンガリー、チェコでは、二〇〇五年頃までは、対GDP比で五・六％の経常赤字であり、おおむね、直接投資でファイナンスされるという比較的健全な形であった。これによって生産設備を拡大させながら、高成長を遂げて、西欧諸国にキャッチ・アップしつつあった。直接投資は証券投資や銀行借入よりも安定的な資本移動である。資本を投入して工場を建設したような場合には、為替レートや金利が変わったからといって、その資本がすぐに投資元の国に逃げていくということはない。しかし、二〇〇六年頃から、経常赤字がさらに拡大し、その分、銀行借入に依存するようになっていた。

これに対し、アジアの新興国では、今回は、通貨危機に陥らずに済んだ。一九九七年から一九九八年にかけて東アジア全域を襲ったアジア通貨危機の教訓が活かされた。この時通貨危機に襲われたタイ、インドネシア、韓国と、通貨危機を免れたマレーシア、フィリピン等との違いは、外貨準備と短期の対外借入の関係にあった。危機に襲われた三か国では、外貨準備が短期の対外借入に対して過少であった。そのため、国際金融情勢が悪化して短期の対外借入の更新が困難になると、外貨準備が払底《ふってい》して通貨危機になった。この教訓から、東アジアの新興国ではアジア通貨危機後、外貨準備を十分に蓄積した。二〇〇四年から二〇〇七年の世界好況期、アジアの新興国も大量の資本流入を経験した。これに対して、アジアの通貨当局が為替市場に介入して、外貨準備を蓄積していたことが、結果的に幸いした。世界金融危機によって、東アジアの新興国からも資本が流出したが、外貨準備の蓄積のおかげで通貨危機を避けることができた。

出口戦略の議論

二〇〇九年の春以降、世界経済は、新興国の景気回復に牽引される形でいったん回復した。これを受けて、早くも、二〇〇九年九月にアメリカのピッツバーグで開催されたG20サミットでは、異例の財政金融緩和策からの脱却の方策が議論された。金融政策面では、非伝統的な金融政策やゼロ金利政策等による金融セクターの支援とデフレ懸念への対応を継続すべきかどうかが議論された。財政政策面では、短期的な景気刺激策が財政を悪化させ国債市場に影響を与えることが懸念された。

先進国では依然として、高失業率やバランス・シート調整が継続していたので、銀行貸出の伸びは鈍かった。また、そのため消費は弱く、賃金上昇圧力も小さかった。結果的にインフレ圧力は小さかったので、多くの国で引き続き、緩和的な金融政策を継続するのが適切と考えられた。

一方、財政政策については、拙速な引き締め政策への転換によって、ようやく回復し始めた景気に水を差す危険に注意しつつも、財政規律の回復の必要性が強調された。財政面では、先進国共通の課題として、高齢化の進展による社会保障費の拡大という構造的な問題を抱えている。そのため、中期的に財政赤字を削減する道筋、いわゆる出口戦略の策定が課題として掲げられた。

II——金融危機からソブリン・クライシスへ

ソブリン・クライシス

こうした中、二〇〇九年の末になると、ドバイ・ショックやギリシャ危機によって、国債の金利が上昇した。アラブ首長国連邦を構成するドバイ首長国では、活発な不動産開発によって、湾岸諸国における物流・金融のセンターとして発展していた。石油価格の上昇によって膨らんだ、湾岸諸国のオイルマネーがドバイに流れ込んでいた。

しかし、リーマン・ショック後の世界的な景気後退を受けて、石油価格は急落した。こうして投資マネーの動きに変化が生じ、ドバイでも不動産バブルを崩壊させた。それが、政府系の不動産会社による債務不履行の懸念を引き起こした。これを契機として金融市場で、国債の安全性に対する懸念が広がるソブリン・クライシスが起こった。ソブリン・クライシスとは政府債務危機のことである。ソブリン（sovereign）とは主権国のことであり、国債のことをソブリン債と呼ぶ。国家は徴税権を持っているので、これが国債の信用の裏付けとなる。

一方、民間の債務の場合には、破産法制が適用されるが、国家の場合には、こうした破綻の仕組みがない。そのため国債金利があまりに高くなると、返済によるコストがデフォルト

（債務不履行）によるコストを上回ってしまい、政府がデフォルトを戦略的に選択するということが起こりうる。特に、借入の大半が海外からの場合はそうである。アルゼンチンでは、政府債務残高の対GDP比が四〇％くらいになると、政府がそろそろデフォルトを選択するのではないかと海外投資家が疑心暗鬼になり、それにより金利が上昇して財政が持続不可能になり、実際にデフォルトするという現象が繰り返された。国内からの借入の場合でも、インフレによって、実質的に債務を帳消しにしてしまうという誘因が存在する。ただ、いずれの場合もそれに伴う経済の混乱によるコストが甚大であるので、少なくとも、先進国の国債は安全であるというのが、これまでの常識であった。しかし、ギリシャ危機はこの常識をくつがえした。ギリシャに始まる欧州債務危機の激化は、世界的にみて金融危機が財政危機に転化したことを意味する。

財政再建の速度

こうした欧州の情勢を受けて、二〇一〇年六月に、カナダのトロントで開催されたG20サミットでは、財政再建をどのくらいのペースで進めるかについて議論された。これに先立ち、欧州では、EUとIMFによるギリシャ支援の仕組みがまとまり、国債市場はようやく落ち着きを取り戻していた。そこで、欧州やIMFは財政再建の重要性を主張した。欧州の中心国ドイツは、ギリシャの放漫財政によって、ユーロの価値が失われることを恐れた。そこで、ギリシャ支援にあたっては、IMFと歩調を合わせて、ギリシャに対して厳しい財政緊縮策をとるよう強く求めた。また、ドイツ自身も財政再建のために憲法を改正するなど、率先して、財政再建を進める姿勢をとった。

一方、米国ではユーロ危機の中、ドルはユーロに対して強くなり、質への逃避（市場が混乱した際、相対的にリスクが低く、流動性が高い投資対象へ移動すること）から米国債市場に対する資金流入が起きた。そのため、財政再建に対する市場からの圧力はむしろ弱まった。一〇％近い失業率を下げることの方が、財政再建よりも重要な政治課題であった。また、経常黒字国のドイツが財政再建を強力に進めると、金利の低下と内需の低迷の両面から、さらにユーロ安、経常黒字拡大の方向に働くことを懸念した。そこで、財政政策における政策協調としては、引き続き、景気刺激策に重点を置くことを米国は主張した。

日本は、財政状況が極めて悪く、本来、財政刺激策の余地は乏しいのだが、円高のもとでデフレ圧力にさらされていたので、財政刺激策を急にやめられる状況になかった。また、日本としては、ユーロが不安定なままでは、欧州向け輸出に悪影響を受ける。ユーロ圏内の南北格差がもたらすユーロ不安の解消のためにも、ドイツの積極的な財政政策は引き続き重要である。そこで、財政政策については米国に近く、どちらかといえば出口戦略に慎重なスタンスであった。

しかし、ドイツなどの欧州諸国の財政赤字に対する危機感が、米国の世界景気の先行きや経常不均衡に対する懸念を上回った。その結果、サミットでは、先進国において成長に配慮した財政健全化計画を公表することで合意した。各国の状況に即して差別化を図りつつも、先進国は、二〇一三年までに少なくとも財政赤字を半減させ、二〇一六年までに政府債務の対GDP比を安定化または低下させる財政計画にコミットした。ただ、日本では、こうしたペースでの財政健全化は不可能と考えられた。

そこで、サミットでは、G20として、成長戦略とともに六月に発表された日本政府の財政健全化計画を歓迎するとされた。その財政健全化計画では、二〇一〇年代の半ばまでに、財政の基礎的収支（プライマリー・バランス）の赤字を半減させ、二〇二〇年までに、財政の基礎的収支を黒字化するとの、緩やかなペースでの財政再建が掲げられている。

基礎的収支の赤字とは、包括的な財政赤字から利払い費を除いたものである。したがって、基礎的収支が均衡しても、利払い費の分だけ財政赤字は残る。しかし、基礎的収支が均衡し、かつ、名目成長率と名目利子率が等しければ、政府債務の対GDP比はそれ以上増えない。したがって、政府債務の対GDP比が上昇を続けて、いずれ発散し債務が維持不能になるのに歯止めをかけることができる。

こうしてみると、G20のトロント・サミットにおいては、財政再建のペースについては、米国よりもドイツよりの結論に達している。その際、IMFが米国よりもドイツの主張に肩入れしているのが注目される。IMFは二〇〇八年一一月にワシントンで開かれたG20サミットでは、各国が協調して積極的な財政刺激策をとることを勧告していた。世界的にGDP比二%を目安に財政刺激策をとるのが望ましいと考えていた。したがって、トロント・サミットでは、財政再建の方向に舵を切ったことになる。

通常、IMFの政策決定にあたっては、米国の影響力が強いのだが、どうしてそうなったのだろうか。まず、IMFがこれまで一貫して、財政規律の維持を加盟国にアドバイスしてきたという経緯がある。ラテンアメリカの新興国が通貨危機に陥った際、IMFがまとめた支援プログラムで最も重要な要素は、常に財政再建であった。財政規律は、いわゆるワシントン・コンセンサス（新古典派経済学に基づいて、IMFや世銀などが開発途上国へ勧告する政策の総称）の最重要な要素である。

次に、宣言文を注意してみると、既存の財政刺激策を遂行し、成長に配慮した形で財政再建を進めるとしている。つまり、短期的には財政赤字によって景気を刺激しつつも、中期的には信頼できる財政再建プランを示すという、短期と中期の使い分けによる出口戦略を示しているのである。しかし、IMFには経常収支不均衡の改善のための政策協調を推進する役割も期待されている。その点で、米国はドイツが主張する財政再建ペースの加速路線を採用したトロント・サミットの結果とIMFの対応に不満を感じた。

新興国と先進国の対立

欧州と米国における国債市場の対照的な動きは、財政再建のペースに対する両者の戦略の違いを生みだした。一方、新興国における景気の順調な回復と、先進国における高い失業率の継続は、金融政策や為替政策をめぐる政策協調に緊張をもたらした。

二〇一〇年夏以降、米国の雇用回復の遅れを主因として、ドル安と新興国への資本流入の急増が起こった。米国で雇用回復が遅れた要因としては、住宅市場の低迷によって住宅投資が振るわない上、それが、個人消費を抑えていることが大きい。雇用の最大化と物価の安定の両方を任務とするFRBは、大胆な金融緩和策を継続した。FRBのバーナンキ議長は、二〇一〇年の八月末に、量的緩和の第二弾（QE２）の採用を示唆した。これによって、直ちに米国の長期金利は低下しドル安となった。

QE２は一一月初めに正式に発表され、二〇一一年の六月末までに六〇〇〇億ドルにのぼる米国債をFRBが購入することになった。FRBの金融緩和姿勢の継続が明らかになった八月末以来、米国の株価は上昇した。FRBによる大量の流動性の供給によって、リスク資産に対する投資が世界的に活発となった。これによって、相対的に金利の高い新興国の国債や株式に対する投資が促進された。また、ドル安は金価格や石油をはじめとする一次産品価格の上昇を引き起こした。先進国の金融緩和策によって、新興国への資本移動が増加し、新興国の通貨に上昇圧力がかかった。特に、為替制度が柔軟であるブラジルの通貨レアルの上昇は顕著であったので、ブラジルのマンテガ蔵相は通貨戦争と呼んでFRBのQE2を非難した。また、新興国では景気の過熱とインフレが問題になってきた。

通貨戦争

二〇一〇年秋の「通貨戦争」は、景気の足取りが不確かな先進国におけるデフレ懸念と、景気が好調な新興国のインフレ懸念を背景としていた。先進国ではデフレを防止するため、金融を大幅に緩和した。国内で金利が低下した先進国の資金は、有利な投資先を求めて、高金利の新興国に流れ込む。これによって自国通貨が上昇する新興国側では、輸出への悪影響を恐れて為替介入を行ったり、資本取引規制によって資本の流入を制限したりしようとする。各国とも失業率が上昇しているので、どこの国も通貨安で輸出を伸ばしたい。現に、ギリシャ危機によるユーロ安で新興国に対する輸出を大きく伸ばしたドイツでは、二〇一〇年第2四半期に年率九%もの高成長を記録した。ウォン安の韓国でも、好調な輸出に支えられて企業収益が拡大している。

通貨戦争に対して我が国はどのように対応すべきであろうか。まず、G20においては、グローバル・リバランスを促進するため、先進国における金融緩和と中国による人民元の切り上げを軸とした政策協調が望ましい。

米国のFRBにとっては、QE2はあくまで国内のデフレ防止を主眼としている。ただし、これによるドルの供給増は、結果としてドル安をもたらす。それに対し、日本としては、同様に量的金融緩和で対抗する必要がある。日本はすでにデフレに陥っているのであるから、米国と比べてもより積極的な金融緩和策が求められる。これによって行き過ぎた円高は阻止できる。金利の低下余地は少ないが、デフレによって実質金利は高くなっているので、インフレ期待をプラスに変えることによって実質金利を低下させることができる。長期国債やETF(上場投資信託)など、買い取り可能な資産はいくらでもある。一〇年物国債については、償還間際の物は(実質的に)短期債であるので、残存期間の長い、(真の)長期債を購入すると効果が高い。

日米の金融緩和は、新興国への資本流入を増加させ、そうした国々では通貨切り上げかインフレが促されるだろう。新興国への投資のリスクに注意する必要はあるが、日本は、世界的なインフレ自体を恐れるべきではない。日本は中国や米国と比べて、インフレに強い経済構造を持っている。中国は貧富の差が激しいので、物価の上昇は貧困層の生活を直撃し社会不安のもとになる。また、米国経済と日本経済を比べると、日本では省エネが進んでおりエネルギー効率が高い。ガソリンの価格が上がると米国では消費がすぐに落ち込む。そして燃費のよい日本車が売れるのである。

日本では何しろデフレなのだから、世界的にインフレ圧力が高まっても、すぐに国内インフレを心配する必要がない。もちろん、石油価格の上昇は、企業収益の圧迫要因にはなるが、産油国向けのプラント輸出が伸びるというメリットもある。そして最も重要な点は、積極的な金融緩和によって、国内の需要を刺激するということである。デフレからインフレへの転換は、日本企業の収益環境を劇的に改善するに違いない。

QE2後

二〇一一年六月には、FRBが六〇〇〇億ドルの国債購入による量的緩和を予定どおり終了した。ただ、国債の保有額の拡大は行わないものの、現状の保有額は維持する。しかし、五月以降、米国の雇用統計や製造業に関する統計などに弱いものが目立つようになってきた。特に、住宅統計は弱い。一方、新興国でもインフレを抑制するための金融引き締めによって、景気が減速する兆しが出てきた。さらに、ギリシャの危機の再燃が、ユーロ安を引き起こし欧州の国債市場を動揺させている。そこで、FRBは九月に短期債を売って、長期債を買うツイスト・オペを導入した。これによって長期金利を低下させ金融緩和効果を持たせようという意図である。量的緩和の第三弾（QE3）まで踏み込まなかったのは、QE2実施時と比べて、インフレ期待が高まったためである。

しかし、米国で住宅市場と雇用市場の低迷が続くようだと、インフレ期待がさらに低下し、QE3が必要になる可能性もある。そうなるとまた、ドル安や先進国間の金融緩和競争、新興国の対応が問題となる。ブラジル、インドなどの新興国のマクロ政策については、第4章で改めて検討するので、ここでは、財政政策の政策協調と欧州のソブリン・クライシスについてみてみよう。

財政再建競争

前述のように、財政政策においては、その需要創出効果が一部、輸入の形で海外に流出するため、どうしても財政出動の規模が抑制されることになる。また、ギリシャ危機は財政悪化に対する市場からの警告であり、多くの先進国は「財政再建競争」に乗り出している。その中でも、四三歳の若さで就任したキャメロン首相率いる英国の財政再建策は非常に大胆で、景気への悪影響を心配する声もある。各国の財政再建に対する取り組みの背景やそれが世界経済に与える影響について考察する。まず、日本からみてみよう。

財政の悪化は、金利の上昇、世代間の不公平、財政対応力の低下を通じて、長期的には、成長に悪影響を与える。そのため、財政健全化の中期的な枠組みが必要になる。一方、財政再建は短期的にも景気にプラスになるというのが、非ケインズ効果である。一部の先進国では、政府の思い切った財政再建が国民の信頼を得たことによって、非ケインズ効果がみられた。ただ日本の場合、名目金利はすでに低い水準であるので、低下余地は限られている。そこで、経済を刺激するためには、デフレ期待を払拭して、実質金利を低下させることが必要である。そのために、積極的な金融緩和に期待したい。

復興財源

二〇一一年三月一一日に東北地方から北関東の太平洋岸を襲った東日本大震災は、多大な人的被害をもたらし、インフラを破壊した。二〇兆円とも見積もられる財源をどのように調達するかは大問題である。財源を国債発行で賄い、将来の税収で少しずつ返済していくというのが一つの方法である。特に、震災で景気マインドが低下している時には、増税をすべきでないという人達がこれを支持している。また、財政学者からは、課税による資源配分の歪み（超過負担）を最小化するため、今回のような一時的な財政需要に対しては、国債を発行して長期にわたって償還する方が望ましいという提言も出ている。これは、課税による超過負担は近似的に税率の二乗に比例するから、税率を一時期大きく高めるよりも、長期にわたって少しずつ高める方が課税のコストが小さくなるという課税平準化理論に基づいている。

一方で、税負担を将来に先延ばしするべきではないので、増税によって復興財源を賄うべきという意見も有力である。世論調査では、これを支持する人が多数となっている。国民が広く税負担によって痛みを分かちあうことによって、連帯感を示すことができる。また、これから人口が減少する中で、将来に税負担を先延ばしするのは適当でないという理由もある。景気への影響については、二〇一二年の春には、復興需要によって、景気が上向きになると予想されるので、そのタイミングで増税を行えばよいと考えられる。税源については、①国民各層が広く薄く負担する消費税の活用、②所得再分配機能を有する所得税の定率付加税と課税最低限の引き下げ、③法人税減税の一時延期、④固定資産税の活用、⑤相続税の活用、などの組み合わせが候補に挙がった。

復興財源確保法案は、国会での各党間の協議を経て、一一月三〇日に民主・自民・公明三党などの賛成で成立した。復興特別所得税は、所得税額に対して二・一%付加税で二五年間にわたり課税され、七・五兆円の税収が見込まれる。また、復興特別法人税は、法人税に対して三年にわたり一〇%の付加税を上乗せし、二・四兆円の税収を見込む。さらに、個人住民税の均等割が年一〇〇〇円上乗せされ、一〇年間で〇・六兆円の増収が見込まれる。

税と社会保障の一体改革

さらに、我が国では、現在、税と社会保障の一体改革が議論されている。消費税の引き上げのためには、社会保障の充実策を示すこと必要になるだろう。しかし、すでに社会保障費の増大によって、財政が圧迫されている上、今後、高齢化によって社会保障費がますます拡大していく。国民が望む社会保障の充実とは、まずもって社会保障制度の持続可能性の向上であろう。若い人達は将来、年金がもらえるかどうか不安なのだから、その財源を手当てすることが第一である。

高齢化社会においても社会の活力を維持し、人々が安心して暮らしていけるようにするためには、医療、介護の効率化や年金改革等により社会保障費の合理化を図ることが重要である。これは先進国共通の課題である。先進国の中でも、最悪の財政状況にあり、高齢化が最も速いスピードで進む日本では特に重要である。イタリアでも国債金利が上昇し、年金の支給年齢の引き上げが必要な状況となっている。我が国においても消費税を五％引き上げても、社会保障費を抑制しないと、財政は持続可能にならない。消費税の引き上げ余地があることが、国債の格付けを支えている。日本国債の格付けや格付け見通し引き下げの動きが相次いでいるが、こうした市場からの警告は無視すべきではない。

少子高齢化という構造的問題に加えて、未曾有の天災に見舞われた日本が、国際社会で生き残っていくために、成長戦略と財政再建について改めて、真剣な議論と努力が求められている。この件に関して民主的な政治プロセスが機能せず、このまま、能動的、計画的な対応策がとれないままだと、最後は、市場によって暴力的に対応を迫られることになる。それがギリシャのケースである。

III――ユーロ危機

欧州のソブリン・クライシス

二〇〇九年末以降、PIIGS（ポルトガル、アイルランド、イタリア、ギリシャ、スペイン）と総称される、ユーロ圏の周縁国において断続的に発生しているソブリン・クライシスが欧州経済を揺るがしている。

統一通貨ユーロが抱える構造問題については、前著『通貨で読み解く世界経済』で詳しく分析した。一言でいうと、ユーロ圏は最適通貨圏の条件を満たしていないということである。

ユーロ圏内では、単一の政策金利と自由な資本移動のもとで、域内の経常収支不均衡が持続不可能な水準まで膨らんだ。ギリシャではユーロ導入後、金利が低下したために、財政資金の調達が容易になり、社会保障の大盤振る舞いと政府の肥大化が起こった。これは労働コストを上昇させ、輸出競争力を削いだ。そこで失われた雇用は、公務員の増大で置き換えられた。そして、世界金融危機が起こると、遅ればせながら、ギリシャの債務の持続可能性に疑問が持たれ、財政資金の調達に困難をきたすようになった。そこで、財政緊縮策を余儀なくされ、失業が増大しているが、労働者が海外に移動してそこで職を得るという調整は起こっていない。さらに、ユーロ圏内での財政支援も難航している。もちろん、統一通貨ユーロを維持する限り、域内の不均衡と失業問題を、為替レート調整によって解決する道も封じられている。すなわち、労働の移動あるいは財政統合という最適通貨圏の基本的な条件をどちらも満たしていないために、ユーロ圏の債務問題の解決は困難なのである。

ギリシャに対しては、二〇一〇年五月二日に、一一〇〇億ユーロの金融支援策が合意された。これは、ギリシャが同日、追加の財政再建策、成長促進策、金融システム強化・安定策を発表したことを受けて開催されたユーロ圏財務大臣会合で決定されたものである。この際、ＩＭＦによる三〇〇億ユーロの支援に合わせて、ユーロ圏が八〇〇億ユーロの支援を向こう三か年にわたって実施することが合意された。他方ギリシャは、二〇一二年以降、国債の発行を再開し、二〇一三年以降は、この支援策に対する融資返済も始まることから、二〇一二年以降のギリシャの返済の能力が鍵になっていた。

さらに、ユーロ圏は、二〇一〇年五月一〇日に、ギリシャ以外の加盟国がソブリン・クライシスに陥った場合に備えて、IMFと合同で、七五〇〇億ユーロにのぼる金融安定化策に合意した。これは、最大四四〇〇億ユーロの欧州金融安定基金(EFSF)を中心としたユーロ圏の最大五〇〇〇億ユーロの支援枠と、それに応じて、欧州二、IMF一の割合でIMFが提供する、最大二五〇〇億ユーロの支援から構成されている。これを受けて、PIIGS諸国の国債金利とドイツの国債金利の間のスプレッドはいったん縮小した。

その後、二〇一〇年六月初めに、アイルランドは、住宅バブルの崩壊で痛手を負った大手銀行への資本注入によって、財政赤字が対GDP比で三〇%ポイントも悪化したと発表した。これにより、さらなる資本注入によって、財政が持続不能になる懸念が生じた。アイルランドは住宅バブルが崩壊するまでは、財政は黒字であった。また、住宅バブルが崩壊して、金融システムが危機に陥って以来、いち早く、自発的に厳しい財政再建を進めていた。この大規模な資本注入についても、金融市場の環境が良好な時であれば、抜本的な対策として評価されただろう。

しかし、二〇一〇年一〇月末にドイツが、二〇一三年初めに期限切れとなるEFSFを恒久化する条件として、民間の投資家にも負担を求めるという方針を明らかにすると、ギリシャやアイルランドなどの国債金利が再び急上昇した。ドイツが民間投資家に負担を求めるのは、南欧諸国などへの金融支援による納税者の負担を抑えるためである。債務再編が行われると、民間銀行を含む民間投資家は、元本の一部カットや金利の減免、返済期間の延長といった形で、損失を負担することになる。

これを受けて、アイルランドの民間銀行では、市場からの資金調達が一層困難になった。そのため、ＥＣＢからの流動性の供給に一層依存するようになった。しかし、ＥＣＢとしては、アイルランド国債の市場での購入や、アイルランド国債を担保にしたアイルランドの民間銀行への貸付を増やすと、それだけ、リスクが高まる。そのため、アイルランド政府に対して、ＥＵとＩＭＦによる金融支援を受けるよう促した。こうして、二〇一〇年一一月二八日、アイルランド政府は、ＥＵとＩＭＦによる共同支援プログラムを受け入れることを公表し、このプログラムに沿って、財政再建、銀行の資本増強を実施することになった。財政面では、二〇一一年に六〇億ユーロ、二〇一四年までに、一五〇億ユーロの財政緊縮策を実施し、二〇一五年までに財政赤字の対ＧＤＰ比を三％以下に抑える計画である。アイルランド政府はこれにより向こう三年間は、市場での資金調達が不要になる。

さらに、二〇一一年に入るとポルトガルにソブリン・クラインスが波及した。ポルトガルでは、ギリシャほどの放漫財政ではなかったし、アイルランドほど大きな住宅バブルも起こらなかった。しかし、公的セクターの肥大化、公益セクターの非効率、競争力のある産業の不在によって成長力が弱く、政府債務の持続可能性に不安が持ち上がった。競争力の低下は、EUの東方拡大によって生じた。労働賃金がポルトガルよりも安く、また、高速道路によって、ドイツとの物流が改善した中・東欧諸国に投資先が移り、新規の産業と雇用の創出先が東方に移動したのである。

こうして、二〇一一年五月一一日、欧州・IMFによる計七八〇億ユーロの支援策が合意された。経済財政調整プログラムは、①競争力強化、②財政均衡、③金融システムの安定、の三本柱となっている。競争力強化には、公的セクターの縮小、電力セクターへの補助金削減、通信分野への参入促進などが含まれている。財政均衡では、財政赤字の対GDP比を、二〇一三年までに三%以下とする計画である。間接税・財産税に重心を置く財政改革、所得税の課税ベースの拡大など、財政赤字および債務削減のために必要とされる野心的な財政健全化策を実施することとしている。

ギリシャの財政緊縮策

ギリシャ問題に話を戻すと、二〇一〇年五月九日にIMF理事会で承認された経済政策プログラムでは、二〇〇九年にGDP比一三・六%であった財政赤字を、二〇一〇年に八・一

％、二〇一四年には二・六％と大幅に削減することになっている。歳出面では、政府支出の七八％を占める公的部門の賃金と年金給付の抜本的な削減が柱になっており、さらに、軍事費を大幅に削減する。歳入面では、付加価値税などの税率引き上げ（二一％→二三％）に加え、徴税強化に取り組む。さらに、成長促進策として、労働市場改革、公的企業の改革、ビジネス環境の改善などを進め、経済の競争力回復を図ることとしている。

現在までのところ、歳出削減策には進展がみられたものの、歳入の方は計画ほどには増加していないのが問題である。公的企業改革などの成長促進策が思うように進まないことと、財政緊縮策によって税収が伸び悩んだためである。さらに、徴税強化も難しい。こうしたことから、現在、民営化による資金の捻出と徴税強化を国際的な管理のもとに進めようとする議論がある。これは主権の侵害であり、政治的な抵抗はきわめて強い。

二〇一一年三月二四日、二五日の欧州理事会（EUの首脳会合）では、欧州経済の安定のために、ユーロ・プラス協定を採択した（ユーロ圏加盟国のほか、六か国のユーロ圏非参加国が参加）。同協定は、ユーロ圏内の経済政策協調を強化するため、競争力促進、雇用促進、さらなる財政の持続可能性への寄与、金融安定の強化といった目標を設定している。そのため、参加国は、労働市場改革、社会保障改革、財政ルールの確立、民間部門の債務水準の監視等、必要なすべての措置をとる。ただし、目標実現のための政策行動の選択は参加国の責任で行われる。

さらに、六月二三日、二四日の欧州理事会で、EFSFの実質的な貸出能力を四四〇〇億ユーロに拡大することに合意した。また、現在のEFSFに代わる恒久的な金融支援の仕組みとして、二〇一三年七月に、欧州安定メカニズム（ESM）を国際機関として創設し、五〇〇〇億ユーロの実質的な貸出能力を確保することに合意した。

ギリシャ危機の再燃

ギリシャは二〇一二年より市場から国債での調達を再開する予定であった。これがIMFから既存プログラムの追加融資を受けるための条件であったが、金利の上昇により市場復帰が困難になった。そこで、追加支援パッケージの具体化の協議が進められた。

ギリシャ国債の金利上昇が止まらないのは、投資家が、現在の条件では、ギリシャが債務を返済することが不可能とみていることを表している。そこで、ユーロ圏の財務大臣会合では、まず、債務返済の期限の延長という緩やかな債務再編で、急場をしのごうとした。しかし、ECBがこれに強硬に反対した。緩やかな再編ではあっても、テクニカルにはデフォルト（債務不履行）にあたる。そうすると、ECBとして、大量に保有しているギリシャ国債やそれを担保に貸し付けている債権の価値が下がり、大きな損失を被る。そして、ギリシャ国債を保有しているギリシャ国内の金融機関やギリシャ以外の欧州の金融機関の経営にも打撃となる。

これは、損失を納税者が負担するのか、それとも銀行などの投資家が負担するのかという問題である。投資の失敗の責任は、投資家自身に負わせるのがわかりやすい。しかし、銀行が破綻すると経済活動がマヒする。それを避けるためには、税金で銀行を救済せざるをえない。これまでは、この論理で銀行を支えてきた。しかし、そのためにギリシャでは財政緊縮策を余儀なくされ、国民生活が圧迫されている。そこで、国際的な金融支援が単なる時間稼ぎに過ぎず、いずれ債務返済に行き詰まるのなら、傷口が拡大する前に、早めにデフォルトさせた方がよいという論調が、英国の経済紙である『フィナンシャル・タイムズ』などで盛んになった。

市場との競争

七月二一日ユーロ圏首脳会合は、ギリシャ追加支援パッケージとEFSFの柔軟化に合意した。まず、公的部門で、EFSFを活用しIMFを含めて一〇九〇億ユーロの支援、民間部門で三七〇億ユーロの支援である。民間の関与は、二一％のヘアカット（債務削減）を伴う債券交換等である。また、EFSFの機能を強化し、流通市場での国債の買い取りや金融機関の資本増強に使えるようにした。

しかし、ギリシャの追加策の具体化等に手間取っている間に、ギリシャ危機が他のユーロ圏周縁国に波及し、国債金利が上昇し銀行の株価が下落した。これを受けて、イタリア、スペイン等は財政緊縮策を発表した。

一〇月中旬、EFSFの機能強化、保証枠拡大（四四〇〇億→七八〇〇億ユーロ）に関する各国議会承認手続きが完了した。最後の承認国となったスロバキアでは、議会でいったん否決された後、一三日に再議決で可決された。また、ベルギーに本拠を置くデキシア銀行が一〇月一〇日に実質的に経営破綻し、フランスとベルギー等により救済されたが、銀行救済負担からフランスの国債がAAAから格下げされるのではないかとの不安が高まった。さらに、米国でも南欧の国債を大量に保有していたMFグローバル証券が一〇月三一日に破綻した。

一〇月二一日から二三日にかけてユーロ圏財務大臣会合、EU財務大臣会合、EU首脳会合、ユーロ圏首脳会合が相次いで開催されたが、具体的な決定として公表されたのは、IMFの既存プログラムの第六次融資八〇億ユーロの承認のみであった。

一〇月二六日、EU首脳会合およびユーロ圏首脳会合が開催され、包括パッケージが決定された。これは、①ギリシャ支援等、②EFSFのレバレッジ、③銀行の資本増強等、④経済・財政上の協調・サーベイランス等から構成されている。①では、年末までに持続可能なプログラムの締結を期待し、民間部門の債券交換により、二〇二〇年までにギリシャの債務残高を一二〇％に下げるため、ヘアカットを（割引現在価格ベースで）五〇％とすることを呼びかけた。また、イタリアについて年金受給年齢引き上げなどの改革を年末までに決定するよう勧告した。②ではイタリア等の国債発行にＥＦＳＦが部分保証を行うこと、特別目的事業体（ＳＰＶ）を設立し、ＥＦＳＦと官民の金融機関・投資家の資金を結合させ、国債購入を行うこととされた。③では、銀行の最高質の資本（狭義の中核的自己資本：Core Tier 1）による自己資本比率九％を二〇一二年六月末までに達成するため、資本増強を行う。まずは民間資金により、目標達成まで配当、ボーナスを制限する。必要があれば、各国政府が支援する。各国政府の支援が利用可能でなければ、ＥＦＳＦの融資を通じて支援することになる。また、必要な場合、デレバレッジング（銀行資産の圧縮）を防ぐため、銀行の債務を保証する。④では、ユーロ圏各国は二〇一二年末までに財政収支均衡規定を法的に手当てする。また、各国は、重要な財政・経済政策の策定に先立ち、欧州委員会、他の参加国と協議することとされた。

この包括策を好感して世界各国で株価が上昇し、ユーロも上昇した。しかし、一〇月三一日、ギリシャのパパンドレウ首相が、この包括策の受け入れの是非を国民投票にかけると発表したことから、世界の金融市場は大きく揺れた。これに対して、サルコジ仏大統領、メルケル独首相が事態の収拾に奔走し、ギリシャの与野党の反発もあって、国民投票は撤回された。そして、一一月七日、大連立政権の発足が合意されたことから、首相は退陣を表明した。しかし、包括策に盛り込まれた措置を、予定通り実行に移せるか予断を許さない。まず、ギリシャ国内の反発である。次に、民間部門に五〇％のヘアカットを求めているが、民間銀行がどの程度これに応じるか不明である。また、これに民間部門が応じた場合、ギリシャの銀行経営がさらに苦しくなり、これを救済するため財政負担が新たに生じる恐れがある。さらに、今回、民間部門のヘアカットが自発的なものとされたことから、CDS（クレジット・デフォルト・スワップ）の支払事由にあたらず、保険料の支払が行われないこととなった。このため、ヘッジ（損失回避）手段を奪われた機関投資家がデフォルト・リスクのある国債を売る動きに出て、ユーロ圏の国債市場はかえって不安定化している。

また、EFSFのレバレッジによってイタリアの国債を買うといっても、イタリアは、EFSFに対する政府保証額のうち、一九・二％を負担している。またスペインは一二・七％である。したがって、両国政府が資金調達に窮するようになると、EFSFそのものの信用供与能力が大きく損なわれてしまう。イタリアとスペインの財政健全化が急務である。

また、ユーロ圏の銀行に最高質の資本で九％の自己資本比率という非常に厳しい目標を課したため、クレジット・クランチ（信用収縮）が起こるのではないかと懸念される。さらに、一一月二九日のユーロ圏財務大臣会合でEFSF内に共同投資基金を設立して官民の資金を集めることとされたが、詰めはこれからである。

こうした中、スペインだけでなくイタリアの国債金利も危険水準である七%を超えてきている。そのため、EFSFが強化されるまでの緊急措置として、ECBによる国債買い入れを強化すべきという市場の圧力が強まっている。これに対しECBのドラギ総裁は「国債購入は限定的で一時的な措置」というスタンスを表明している。また、ドイツ連邦銀行のスタンスは「金融政策を財政政策の目的で不正に利用することはやめるべきだ」とさらに強硬である。ユーロを支える中核中の中核国であるフランスにまで、国債の格下げリスクが及ぶ中、ユーロ圏では、まず、ギリシャなどの周縁国とイタリアなど中核国の問題を区別すべきである。

ギリシャは明らかに、政府債務残高が財政の支払能力を超えているというソルベンシーの問題（債務超過、支払不能）に直面している。したがって、債務のリストラが必要であり、これはユーロ圏諸国が財政支援という形で関与せざるをえない。一方、イタリアについては、状況がギリシャほどひどくないので、財政再建と成長強化のための構造調整を進めて、ソルベンシーの問題にいたらないようにしなければならない。つまり、ギリシャの債務危機の波及に敏感になった市場における一時的な流動性の問題にとどめるのである。そうであれば、ECBが流通市場でイタリア国債を購入することにより、流動性を供給し市場を鎮静化させることができる。

このように整理すれば、財政負担を伴うソルベンシー問題の解決は財政的手法により、財政負担を伴わない金融市場の流動性の問題については中央銀行が対応するという原則を守ることができる。

欧州の政策協調の行方

ギリシャ問題は、政策協調さえうまくいけば、本来、ユーロ圏内だけで解決可能なものである。ギリシャの債務問題はユーロ圏内の経常収支の不均衡問題であり、ギリシャが赤字の分、ドイツ等の黒字が拡大している。欧州全体では、対外借入に依存しているわけではない。

今後は南北間で競争力格差が拡大しないように、労働市場や公的セクターの改革が必要であるが、南欧諸国の債務危機の不安を払拭するためには、域内の財政支援の仕組みを強化することが優先事項である。その際、モラル・ハザードやフリー・ライダーを防ぐために、財政支援を受ける国に財政再建や競争力強化のためのコンディショナリティーを求めることが必要である。EFSFやESMに十分な資金を用意して、支援対象国の国債購入や保証の付与により、資金調達を支援する実効性ある仕組みを構築するのである。さらに進んで、財政規律を維持する参加国が共同で国債を発行することが将来的な課題である。二〇一一年一一月、欧州委員会はユーロ圏共同債（安定債）の発行を提案した。

ユーロ圏共同債によって、ユーロ圏全体で、財政資金調達の安定化を図り、財政コストを節約することができる。さらに、流動性の高い厚みのある欧州共同債市場を育成できれば、ユーロの国際通貨としての魅力を増すことができる。もちろんその発行金利は、ドイツ国債の発行金利よりは高くなる。ドイツよりも財政の健全度の低い国と共同で発行する国債だからである。特に、初めて共同債を発行する時には、流動性が低いため、発行コストは高めになるだろう。

ただし、財政規律や競争力強化、金融の安定面での政策協調が実効性のあるものであればあるほど、共同債の発行コストを下げることができる。現在、ユーロによって最も利益を得ているのは、ドイツである。南欧諸国が競争力を失ったのは、これら諸国の単位労働コストの上昇率がドイツと比べて高いにもかかわらず、ユーロによって為替レートが固定されているためである。これによって、ドイツの産業界は輸出を伸ばし、ドイツの民間銀行は南欧諸国の赤字をファイナンスすることで、利ザヤを稼いできた。また、ユーロ圏の適度の混乱は、ユーロ安によって、欧州域外に対するドイツの輸出競争力を高める。

ドイツはいわば、欧州において一人勝ち状態にある。欧州の盟主として、率先して財政再建に取り組み、財政支援を受ける国に厳格な財政規律を求めるのは結構である。しかし、ほどほどにしないと、支援対象国でデフレ緊縮策に耐えきれなくなり、政治が混乱状態に陥る恐れが強い。一方、ドイツの国民感情を考えると安易な救済もできない。支援の条件として、どこまで厳格な財政再建や構造改革を求めるかバランスが非常に難しいので、今後も、チキンゲーム（正面衝突を避けるため、最初にハンドルを切った方が臆病者〔チキン〕として負けになるレース）のようなぎりぎりの調整が続けられることになるだろう。

G20カンヌ・サミット

二〇一一年一〇月一四、一五日パリで開催されたG20と一一月三日、四日にカンヌで開催されたG20サミットは、ギリシャ問題への対応に追われた。もともと、議長国のフランスは、国際金融システムの強化という長期的な課題を年間のテーマに掲げていたが、ギリシャ問題という当面の危機の前で影が薄くなった。

G20のパリ会合ではガイトナー米財務長官が、欧州のカウンターパートにユーロ不安への政策対応を強く求めた。米国経済の減速が懸念される中、ユーロ不安がそれに拍車をかけることに危機感を募《つの》らせたためである。カンヌ・サミットでは、欧州の債務問題について、オバマ大統領や野田総理をはじめとして多くの首脳から、「欧州首脳が政治的意思をもって債務問題の解決に努めるべき」との指摘が行われた。

PIIGSの問題は、ユーロ圏域内の経常収支不均衡の問題であり、ユーロが結束して対応すれば、ユーロ圏内だけでファイナンス可能なものである。しかし、通貨は統一されているが、財政はばらばらであるため、問題の解決が困難になっている。そのため、ユーロ圏以外の国々が、ユーロ圏内の政策協調を後押しするという構図になっている。G7も不測の事態に備えて緊密な協議を続けている。

サミットでは、IMFの資金基盤強化について、二〇一二年二月の次回財務大臣会合までに、具体的方策について議論することとされた。ユーロ不安が深刻になるまでは、IMFの資金基盤自体は十分であり、それをいかに使いやすいものにして、国際金融システムを強化するかということが焦点であった。しかし、ユーロ不安によって、ユーロ圏向けに必要となるIMF資金がさらに増える可能性と、ユーロの混乱が新興国に波及する可能性から、IMFの資金をさらに増額する必要性に焦点が移ってきた。一一月七日付の『フィナンシャル・タイムズ』紙では、①IMFにEU各国が二五〇〇億から二〇〇〇億ドルの貸出を行う、②二五〇〇億ドル相当のSDR（特別引出権）を追加配分する、③ユーロ圏諸国が保有する六〇〇億ドル相当のSDRをEFSF内の特別基金に投資することにより、他の投資家がほとんどリスクを負うことなくEFSFに投資できるようにする、というパッケージが、三日の夜にまとまりかけたが、ドイツ連銀が③を拒否したため、まとまらなかったと報道している。

サミットでは、成長と雇用のための行動計画に合意した。その中で、為替レートの柔軟性を促進するという表現で、中国は人民元の切り上げの継続にコミットした。オバマ大統領は大きな成果だとしている。また、野田総理は、消費税の段階的引き上げを含む税と社会保障の一体改革案を具体化し、法案を二〇一一年度中に国会に提出することをサミットで公約した。さらに、イタリアの財政再建状況をＩＭＦが監視することになった。

Ｇ20で日本は一〇月末の円売り・ドル買い介入について説明し理解を求めた。コミュニケでは、為替レートの過度の変動に対しては協調して対応することが確認された。

なお、介入に対して『フィナンシャル・タイムズ』紙は社説を掲げ、効果の薄い単独介入よりも、効果の高い量的金融緩和を行うべきだとして、一〇年物国債の購入を提言している。実際、英国では中央銀行（ＢＯＥ）の量的緩和によって、ポンド安となっている。日銀は償還までの残存期間の短い一〇年債ばかり買っているので、残存期間の長い国債を大量に購入すれば、市場にサプライズを与え、円安効果が大きいであろう。

介入によって、円ドルレートは七五円前半から一時七九円後半まで下落したが、その後は七八円をはさんだ円高水準で推移している。しかし、実質実効レートでみると、二〇〇五年平均の水準とほぼ同じとなっている。インフレ格差を調整し、さらに、二国間の貿易額で平均をとると、国際競争力は平均的な水準にあることになる。ＩＭＦでは円レートはおおむね均衡しているとしている。それにもかかわらず、産業の空洞化が懸念される理由として、①ウォン安によって韓国との競争上不利になっているが、これは、日韓の貿易額以上の比重で効いている（第4章参照）、②農業やサービス業の生産性が低いため、これらをインプットとして生産を行う製造業がコスト上不利になっている、③農業やサービス業を保護するため、自由貿易協定の締結が遅れ韓国等に遅れをとっていることが、挙げられる。また、『週刊エコノミスト』（二〇一一年一二月一三日号）の白川浩道氏による「貿易収支に変化が起きている」では、日本の国際競争力の低下が指摘されている。それによれば、近年、日本の輸出の世界GDPに対する（所得）弾性値が低下し、輸出が伸び悩んでいる。これは、世界の需要が、先進国の高所得層から新興国の中間所得層にシフトしているためと考えられる。国際競争力が落ちたため、平均的な実質実効為替レートのもとでも円高の影響を強く受けやすくなっている。

産業の空洞化によって雇用が失われ、特に若者が職に就けなくなると、その社会的コストは非常に大きい。TPP（環太平洋経済連携協定）についてもその点を十分考慮する必要がある。

カンヌ・サミット後のユーロ圏

カンヌ・サミット後も、ユーロの緊張は続いている。イタリア一〇年物国債の利回りは一時、七・四%を超えた。また、ドイツ国債の入札に大量の札割れが起こった。さらに、ユーロ危機の余波を受けて、ハンガリーがIMFに支援を要請した。中・東欧の銀行の多くが、ギリシャを含むユーロ圏の銀行の傘下にあるため、ユーロ圏でのクレジット・クランチがユーロ圏と隣接する中・東欧の金融危機を引き起こす恐れがある。

欧州の金融市場で緊張が高まる中、日米欧の六中央銀行は、一一月三〇日に、ドル資金供給で協調行動をとることを発表した。欧州の金融機関では預金に比べて、貸出や国債購入などの資産が多い。そのため、市場での資金調達に依存する割合が高い。ECBはユーロ資金は供給することができるが、ドル資金は供給できない。そのため、FRBとのスワップ協定に基づいて、ドルの資金供給を受け、これを民間銀行に供給している。今回、FRBは各中銀へのドル資金供給の金利を〇・五%引き下げる。これを受け、民間銀行への各中銀からのドル資金供給の金利も〇・五%引き下げられる。従来、各中銀が市場実勢金利に上乗せする金利が高かったため、民間銀行による利用が低調であった。市場金利に比べて高い金利で調達しようとするのは、相当資金繰りが苦しいからに違いないという烙印（スティグマ）が押されることを民間銀行が恐れたためである。

これを受けて、ニューヨークのダウ平均株価は四九〇ドル高と二〇〇九年三月以来の上昇幅となった。同日、発表された米国の景気指標がよかったことや、中国が、預金準備率を三年ぶりに引き下げた（〇・五％）ことも好感された。中国では物価が安定する兆しがみえており、金融緩和に転じる環境が整ってきている。また、ブラジルでも〇・五％政策金利を引き下げて一一％とした。

欧州は中国にとって最大の輸出先である。また、ブラジルにおいてもユーロ圏の銀行による貸出は多い。世界は貿易や金融面で密接につながっており、ユーロ危機はグローバルな危機である。そのため、世界的な政策協調が必要である。すでに、ＩＭＦは、ＥＵ、ＥＣＢとともにトロイカ体制でギリシャ危機等に対処しているが、欧州債務危機が深刻になる中で、その役割は一層、重要になってきている。資金面での貢献だけでなく、支援プログラムの作成や政策監視の面での貢献も重要である。ＥＵの事務局である欧州委員会とＩＭＦでは、従来から技術面で協力を深めてきた。アジアでも経済統合が深まるにつれて、域内で危機が波及する危険性は高まっている。ユーロの教訓も活かして、今から、域内の政策協調の深化に努める必要がある。アジアが自前の政策監視機能を育成する上でも、ＩＭＦとのノウハウの共有が有力な方策である。

中銀による流動性の供給は、時間稼ぎに過ぎない。ＥＣＢが安心して最後の貸し手機能を発揮するためには、債務の持続可能性が維持される保証が必要である。つまり、支払能力に問題がないということを政治のリーダシップによって確保することが必要だ。そのためには、域内各国の財政再建と成長戦略の両面作戦が必要である。

現在、ドイツは、ユーロ圏内の各国が財政規律を強化し、財政規律の要件を満たせない場合は、自動的に制裁を課すことを強く主張している。しかし、経常赤字に陥っている南欧諸国が財政緊縮策を強化するだけでは、景気後退→税収の低下→財政緊縮策の追加→一層の景気後退、という縮小均衡に陥ってしまう。ユーロを維持するためには、域内の競争力格差を調整しなければならない。域内では為替レートによる調整が使えないので、インフレ格差で調整するしかない。この時、①黒字国の物価安定＋赤字国の物価下落か、②黒字国の物価上昇＋赤字国の物価安定のどちらかが必要である。

現在、ユーロ圏ではドイツの力が強いので、今後、黒字国の物価安定が優先される①のシナリオが有力である。しかし、これでは赤字国にデフレを強いることになるので、非常に大きな困難が予想される。確かに、政府債務危機に陥った国で、社会保障や労働市場、そして財政の改革を行うことは必要である。しかし、為替が切り下げられないことによって、財政緊縮策が経済の縮小均衡を招く恐れが強い。したがって、それを緩和するため、域内の黒字国が財政刺激策と賃金の上昇によって内需を拡大し、ある程度の物価上昇を受け入れることも必要である。物価上昇を避けたいのなら、赤字国のデフレ政策による痛みを緩和するため、成長支援のための財政支援を増額しなければならない。

国際協調と日本の成長戦略

このようにユーロの構造問題は深刻で、政治的にも非常に難しい問題であるので、一朝一夕に解決するというものではない。政治の堂々めぐりにしびれを切らした市場が悲観論に傾く場面が繰り返されるだろう。しかし、それですぐ世界恐慌になるわけではない。最後の最後には政策対応がとられるからである。

こうした中、一二月八日、九日にEU首脳会議が開催され、九日にユーロ圏首脳会合の声明が発表された。声明においては、①財政規律の強化、②ESM発足の前倒し、③欧州諸国によるIMFに対する最大二〇〇〇億ユーロ（約二七〇〇億ドル）の追加的な資金貢献が合意された。①では構造的財政収支（景気循環を調整した収支）の赤字を対GDP比で〇・五%以下に抑えることを憲法ないし同等のレベルで国内法制化すること、財政赤字が三%を超えた際の制裁の自動性の強化、政府債務残高の対GDP比が六〇%を超える加盟国の債務削減の二〇分の一ルール（対GDP比六〇%を超える分の二〇分の一を毎年減らしていく）が三本柱になっている。②では二〇一二年七月のESM発効を目標とし、ESM発効後も二〇一三年半ばまで、EFSFも併用する（EFSF／ESM合わせた融資額の上限五〇〇〇億ユーロの適切性を二〇一二年三月に見直し）。③では、国際社会からの同様の貢献を期待しているが、これに対し、米国とカナダは、少なくとも現状では否定的な見解を表明している。

今回、市場の期待が高かったEBCによる国債購入の拡大や共同債の発行に関する前進がみられなかったことから、当面の危機を回避するには、力不足との声が上がっている。特に、各国が国債を大量に発行する二〇一二年一月に市場の緊張が高まると懸念されている。

一方、ギリシャでは五〇％のヘアカットを求めた民間部門の関与に関するアプローチを変更し、IMFの原則・慣行に厳密に従うとしたことが、投資家に安心感を与えている。また、長期的な視点に立つと、経済通貨同盟の強化について重要な進展がみられた。財政規律の強化については、ECBのドラギ総裁が非常によい合意だと評価していることから、市場の緊張が高まった場合には、ECBによるさらに踏み込んだ対応がとられる素地になる可能性がある。

今回、これらの措置を実施するため、当面、EU条約の改正ではなく、政府間の条約で（二〇一二年三月までに）対応することになった。英国は、今回、金融規制に関する主権を守るため、拒否権を行使してEU条約改正を目指す合意形成を妨げ、政府間の条約にも参加しないことにした。このため、EU内での孤立と影響力の低下を心配する声が英国内からも上がっている。

一方、米国では、超党派の委員会で財政赤字の中期的な削減策が議論されてきたが、合意にいたらず決裂した。このままでは、一兆二〇〇〇億ドルの歳出削減が自動的に行われることになる。共和党では早くも、国防費を例外扱いしようとする動きが出ているが、これに対し、オバマ大統領は拒否権を発動してでも阻止するとしている。こうした政治の迷走は市場を不安定にさせる恐れがある。本来、米国は、社会保障改革や税制改革によって、中期的に財政の健全性を向上させつつ、短期的には失業手当の延長やインフラの整備、住宅市場のテコ入れなどの財政刺激策をとることが望ましい。

我が国においても税と社会保障の改革を実現し、将来の不確実性を払拭することが必要だ。日米欧、そして中国をはじめとする新興国がそれぞれカンヌ・サミットで合意された成長と雇用のための行動計画に沿って適切なマクロ政策と構造改革で足並みをそろえることによって、世界経済の均衡ある発展が図られる。G7、G20、そしてIMFの中心メンバーとしてグローバルな協調行動において、日本が果たすべき役割は大きい。

日本が構造改革に取り組んでいるということを世界にわかりやすく示すことによって、日本へ投資を引き込むことができる。これによって、株価と地価が上昇する。中小・零細企業への銀行貸出は、依然として土地担保に依存しているので、地価の上昇は銀行貸出を増加させ、設備投資と景気を刺激する。海外投資家の資金が日本に入ってくれば、多少、円高になるかもしれないが、それはよい円高である。景気の上昇と企業活動の活発化に伴うものだからである。その際には、円高メリットを活かして、海外から資源や製品を安く輸入し、国内の消費と生産を有利にすることができる。また、戦略的に海外投資を進めることも重要だ。途上国・新興国との関係強化の方策については、第4章で詳述する。

TPPも域内の投資を活発化させ、日本への対内投資と日本からの対外投資を活性化させる重要な手段だ。日本の参加表明を受けて、カナダも交渉参加を表明した。さらに、EUも日本との経済連携協定の締結により前向きになった。日本は世界の成長センターであるアジア太平洋地域における非常に重要なプレイヤーであり、我が国に有利になるように交渉を誘導する潜在力を持っている。農業についても農地の集約による大規模化により競走力を強化するような方向で国内対策を強力に進める必要がある。

貿易・投資の自由化や知的所有権の保護で高度な水準が求められるTPPへの参加は中国にとってハードルが高い。そのため、ASEANなどを中心としたアジアでの経済統合を進める戦略をとっている。日本がTPPに参加すれば、タイやインドネシアなどもTPPに関心を深める。日本としてはTPPと、日中韓やASEAN、インドなどとのアジアの経済統合の、両者を秤にかけながら、両面作戦で交渉を有利に進める必要がある。

第3章　金融危機の防止と政策協調

I――金融危機の再発防止

第1章では、伝統的に、マクロ経済政策協調の中心テーマとなってきた対外不均衡問題について分析した。第2章では、世界金融危機に対処するために、各国がどのような政策協調を行ってきたかをみてきた。第3章では、今後、金融・通貨危機の再発防止という観点から必要とされる政策協調について検討しよう。

まず、第1章でみたように、中、日、米を含む少数のメンバー国による国際通貨問題のフォーラムの創設は、当面、困難とみられることから、既存のG7（七か国財務大臣・中央銀行総裁会議）の有用性について論じる。

その一方で、新興国の世界経済における比重の高まりを受けて、政策協調の参加者を先進国から、地球規模に拡大する必要がある。しかしながら、G20（二〇か国財務大臣・中央銀行総裁会議）の問題処理能力には限界があることから、国際通貨問題に関するグローバルなマンデート（権限）を有するIMF（国際通貨基金）の重要性について論じる。まず、IMF

による政策監視の有効性について詳細に検討する。次に、新興国の台頭を受けて、重要なテーマとなってきた国際資本移動の問題を取り上げる。最後に、金融規制改革に関する国際協調について述べる。

G7は引き続き重要

G20が参加国の多さや多様性から機動性を欠く中、国際通貨に関する緊急事態に対しては、引き続き、G7が重要である。3・11の東日本大震災の後、福島の原子力発電所で水素爆発が起き原発事故の深刻化が、金融市場にも動揺を与える中、投機的な動きによって、一時、一ドル七六円まで円高が進んだ。日経平均株価の暴落、急速な円高、原子炉のメルトダウンの恐怖の中、一〇年ぶりの協調介入によって、金融市場に安定を取り戻したのは、G7であった。三月一七日から財務大臣代理レベルで精力的に調整を行い、G7声明では、日本への連帯意識を表明し、米国、英国、カナダ当局及び欧州中央銀行が、一八日に、日本とともに協調介入に参加することを宣言した。

現在、欧州の政府債務危機が深刻化する中、為替市場や金融市場の動きに迅速に対応しうるのは、G7である。アメリカ、日本、欧州と、先進国が、皆、深刻な財政問題を抱えている現状は、G7を弱体化させる恐れがあるが、当面、国際金融危機への対応においては、

G7における緊密な政策協調が求められる。

地球規模の政策協調におけるIMFの重要性

大震災など予期しない自然災害や欧州の政府債務危機などが国際金融市場を揺るがす時、ドル、ユーロ、円、ポンドという主要な国際通貨と国際金融センターを持つG7の政策協調が重要であることに変わりはない。しかし、先進国の力が相対的に低下し、新興国が台頭する中で、両者を含むG20が「第一のフォーラム」として、政策協調の主役になることが期待された。そのG20にも、中国の政治体制や人民元の問題から来る限界があり、国際金融問題への迅速な対応は期待できない。そこで、先進国、新興国、そして低所得国を含む途上国が直面する国際金融問題について協力するフォーラムが必要である。

それは、IMFや世界銀行(国際復興開発銀行:IBRD)などの国際金融機関(IFIs:International Financial Institutions)をおいて他にない。G7やG20は法的根拠を持たないのに対して、IFIsは国際協定に基づいて設立されており、設立協定の定めにしたがって加盟国を拘束する権限を与えられている。いわば、世界経済の成長と繁栄に不可欠な国際公共財である。そのため、世界経済が激変する中、それを反映した改革と強化が喫緊の課題となっている(図3―1参照)。

図3-1　国際公共財の改革・強化：国際金融機関（IFIs）

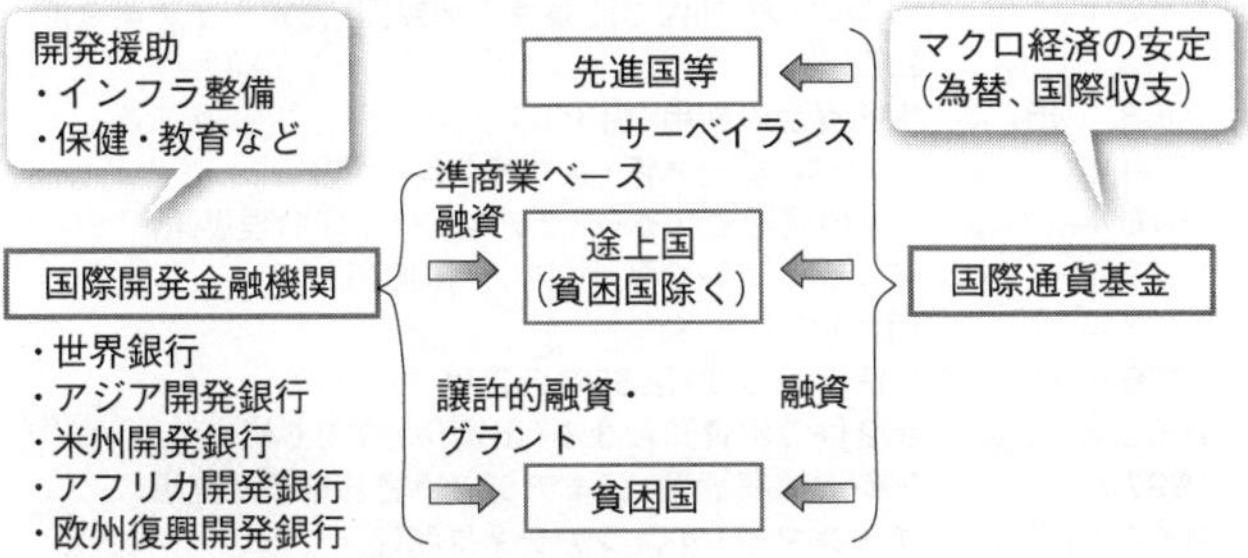

1944年、米国ニューハンプシャー州ブレトンウッズに連合国代表が集まり、戦後の世界経済の安定と復興について話し合い、世界銀行と国際通貨基金を設立する協定を起草。

ＩＭＦは国際金融の安定のために、ＩＭＦ協定という条約によって設立された、グローバルな国際機関である（図３—２参照）。現在、世界の一八七国が加盟している。ＩＭＦに加盟してはじめて世界銀行にも加盟できることになっている。ＩＭＦは原則、毎年、加盟国に調査ミッションを派遣し、マクロ政策や金融市場の問題について政策協議を行っている。また、Ｇ20の際には、世界経済に関する討議のもとになるサーベイランス・ノート（政策監視ペーパー）を作成している。また、Ｇ７やＧ20の要請を受けて、国際金融システムの強化について検討している。こうしたことから、世界経済の安定的な成長と金融危機の再発防止のためには、ＩＭＦがその機能を十分に発揮することが必要である。そこで、ＩＭＦのサーベイランス（政策監視）のパフォーマンスについて詳

図3-2　IMFと日本の歩み

1952年	日本のIMF加盟（51番目の加盟国、出資シェア第9位、2.77%）
1953、1957年	IMF資金の利用（引出し）
1964年	IMF8条国へ。IMF・世銀東京総会開催
1970年	5大出資国となる（シェア4.02%、任命理事国）
1972年	スミソニアン合意（1ドル＝308円）
1973年	円、フロートへ
1986年	IMFに対し30億SDRの貸付
1992年	第2位の出資国となる（出資シェア5.64%）
1997年	アジア通貨危機、日本アジア通貨基金構想提唱
2000年	チェンマイ・イニシアティブ開始
2008年	クォータ改革でシェア6.56%へ
2009年	最大1,000億ドルの貸付
2010年	クォータ改革でシェア6.46%へ（単独2位を維持）
2012年	48年ぶりのIMF・世銀総会東京開催

細な検討を行う。その前にまず、金融・通貨危機やバブルの発生原因について考察しよう。

金融・通貨危機はなぜ起こるのか

古今東西繰り返されてきた金融・通貨危機をデータに基づいて、丹念に調べ上げた本が出た。ラインハート、ロゴフ『国家は破綻する』である。原著のタイトルを直訳すると、『今回は違う』であり、副題は『8世紀にわたる金融的愚行』となっている。つまり、古来、金融的な行き過ぎ、いわゆるバブルは何度も起こってきたが、その度に新しい衣をまとってきたということである。そこで、人々は「今回は前回と違うから大丈夫」と考えて、バブルを膨らませ、そしてその崩壊を何度も味わってきた。これは愚かなことだ。だから、バブルが破裂すると犯人捜しが始まる。どうしてバブルに気づかず、その膨張に加担したのかと。

しかし、バブルは崩壊してはじめてわかるものだという見方は依然として有力である。FRB前議長のグリーンスパンは、ずっとそう主張してきた。彼は、世界金融危機が起こるまで、金融政策の見事な手綱さばきから「マエストロ(巨匠)」と称賛され、「アメリカ経済に何が起こっても彼がいるから大丈夫だ」と、金融市場のみならず、議会や国民の間でも絶大な信頼を集めてきた。これは、「今、金融市場で起こっていることがバブルなのかどうかは、後になってみないとわからないから、金融政策はバブル潰しをしようなどと考えてはいけない」という見方につながる。「バブルが崩壊してはじめて、金融政策の出番が来るのであって、金融市場に流動性を速やかにかつ大量に供給して市場を安定化させればよい」という考え方である。これは、FRBの伝統的な考え方で、「Fed View(FRBの見方：ここで、FedはFRBの略称)」と呼ばれる。

バブルとは一体何か

バブルは経済のファンダメンタルズ(基礎的条件)では説明のつかない資産価格の上昇である。ここでファンダメンタルな資産価格とは収益還元価格で表される。株であれば、それが将来もたらす配当の現在価値である。しかし、将来の配当がどうなるかは、予想はできてもかなり不確実性が残る。景気のよい時には、投資家が強気になるので、配当見通しを必要以上に引き上げる傾向にある。また、バブルの時には、企業収益が好調だとか、金融が緩和されているといった経済的に合理的な理由で株価指数が上昇するのではなく、どの株も、ただ、上がるから買う、買うから上がるというような投機的な動きがみられる。

株価は新たなニュースに反応するものである。すでに皆が知っていることは、株価に織り込まれているからである。景気がよい時には、よいニュースが立て続けに出てくるので、株価が上昇する。また、人間の認知能力には限界があるので、よいニュースが続いていったん景気がよいと認識してしまうと、それに反する悪いニュースが出てきても、それに気がつかなくなったり、気がついてもよい方向に解釈したりしてしまう。

この時、この誤りに気づいた少数の投資家は、株価とファンダメンタルズの乖離に気づいて株を売るかもしれない。さらに積極的に、空売りによって、リスクをとって利益を得ようとするかもしれない。こうした動きは、株価を鎮静化させる働きをするはずだが、空売りの場合は踏み上げ（空売りの損失覚悟の買い戻しにより、株価がさらに上昇すること）の恐れがある。株を買った場合は、最悪の場合、株券が紙屑になっても投資金額を失うだけで済む。しかし、空売りの場合は、株価が天井知らずに上昇していくと、損失がどんどん拡大していくからである。

ケインズが美人投票を例に出して説明したように、自分がどう予想するかではなく、大多数の人がどう予想するかが重要なのである。自分が将来の配当を正確に予想して、それと比べて株価が割高だと思っても、多くの人が株はまだ割安だと思えば、株価は上がる。さらにいえば、内心割高だと思っていても、当面、株価は上昇傾向にあると皆が思えば上がっていく。空売りが入っていれば、その買い戻しでも株価が上がる。また、機関投資家は同業他社との比較で評価されるので、皆が買っていれば、それに反する動きをすると自分だけ損をして市場から退出させられることになる。

新聞の株価欄をみると、株価指数の上昇にしろ、下落にしろ、市場参加者の話として、もっともらしい解説がついている。いかにも株価の変動を理論的に説明しているような錯覚を覚えるが、たいてい、あとづけの解説である。株価の動きに合うように、それを説明できる理由を探してくるのである。

だから、それを読んだからといって、将来の株価の動きが予想できるわけではない。同じような理由から、バブルの最中にバブルなのかどうか判定するのは非常に難しい。信頼できる「ものさし」がないからである。さらに本質的な問題として、技術革新などによって生産性を向上させるショック（技術革新など）が経済に起こった場合には、潜在成長率が上昇し、それによって資産価格も上昇する。しかし、こうした経済構造の変化を正確かつタイムリーに把握することは困難なので、資産価格の上昇がファンダメンタルズの改善によるものかどうかの判断は非常に難しい。

金融とマクロ経済の相互作用

資産価格の上昇が、投機によるものか、経済ファンダメンタルズを反映したものか、判定が難しいため、資産価格の高騰に対する金融政策の対応も慎重にならざるをえない。FedViewでは、「金融政策は資産価格の過熱自体、つまり、バブルの懸念には対処しなくてよい。金融政策の決定における資産価格の位置づけは、それが、物価や景気に影響を与えるかぎりにおいて考慮すればよい。資産価格の過熱が金融機関経営の健全性に悪影響を及ぼす懸念がある場合は、金融規制・監督で対処すればよい」ということになる。

ここで、金融機関の健全性規制というのは、従来、ミクロ（個別）のレベルでの規制であった。つまり、個別の金融機関の財務の健全性を問題にしていた。資産価格が高騰するのは、たいてい、景気がよい時である。景気がよい時には、企業も家計も投資や消費に積極的になって、銀行からどんどんお金を借りようとする。銀行の方でも融資の審査が緩くなる。こうして、企業や家計の投資決定が大胆になり、銀行の融資審査も甘くなり、過大で危険な貸出が行われる恐れがある。そこで、個々の銀行がしっかりリスク管理を行って、資産の健全性を保っているかを監督する必要があるのである。これが、ミクロのプルーデンス政策（金融健全性規制）である。

しかし、金融というのは、あらゆる経済活動の基盤であるので、本来、ミクロのレベルを超えて、マクロ経済に影響を与えるものである。それなら、マクロのプルーデンス政策が必要になる。金融には、マクロ経済の変動を増幅する効果がある。これを金融のプロシクリカリティ（景気循環増幅効果）という。これを銀行のバランス・シートと資産価格の二つから説明しよう。銀行は預金などの借入をもとにして、自己資本の何倍もの貸出を行う。つまり、少ない自己資本をもとにして、レバレッジを効かせて投資しているのである。

ミクロのプルーデンス政策ではこの自己資本をリスクベースの総資産の一定割合（バーゼルII〔バーゼル銀行監督委員会が二〇〇四年に公表した自己資本比率〕では八％）以上に維持するように規制を課している。リスクベースというのは、銀行がとっているリスクの総量を計算するために、資産の種類に応じて、リスクに差をつけ、それをその資産額にかけて計算したものである。ある銀行が、自己資本比率を一〇％に維持するという経営方針をとっている時、その銀行は、自己資本の一〇倍の総資産をリスクベースで保有することになる。

財務分析に用いられるバランス・シートでは、左側に資産を計上し、右側に負債と純資産（資本）を計上する。資産合計と負債純資産合計はバランスする。銀行の場合、負債である預金などは、確定利付き債務なので、その価値は変動しないが、資産側の貸出などは、景気がよくなるとその価値が上がる。不良債権が減るからである。また、保有する有価証券などの価格も、通常、上がる。そのため、資産から負債を引いた資本の額が増える。資本額が増えるとその一〇倍の資産が増やせる（自己資本比率一〇％の場合）計算になる。そうすると貸出し増によってさらに景気がよくなる。また、有価証券への投資が増えてその価格が上がる。こうして個人や企業、金融機関による投資が活発になって、資産価格が上昇するのである。逆に、景気や資産価格が下落する時には、金融がその動きを増幅するように作用する。

いずれにせよ、金融はマクロ経済の変動を増幅する働きをする。そのため、マクロ経済と金融の動きを監視し、金融システム全体の健全性を維持する政策が必要になる。これが、マクロ・プルーデンス政策で、スイスのバーゼルにある国際決済銀行（ＢＩＳ）を拠点にして展開された考え方なので、Ｂａｓｅｌ Ｖｉｅｗと呼ばれる。世界金融危機を受けて、この新しい政策を実際にどのように適用していくことができるかが議論の俎上にのぼっている。

ＩＭＦサーベイランス

ＩＭＦは、資金支援対象国だけではなく、すべての加盟国に対して、原則として年一回、経済調査ミッションを派遣し、その国の経済状況について調査・分析を行う（ＩＭＦ協定第四条に基づく協議）とともに、マクロ経済政策に関する政策提言を行っている。ＩＭＦは、ＩＭＦ協定上、加盟国の為替政策につき必要な情報提供を求めることができ、これを基礎に全加盟国についてマクロ経済運営や金融セクターについて協議を行う。ＩＭＦのサーベイランス活動は、危機発生予防のためのＩＭＦの中核的な機能である。同時に、Ｇ７、Ｇ20などの国際会議においても、ＩＭＦによるサーベイランスの概要をまとめた文書が配布されるのが通例となっており、これらの会議におけるマクロ経済政策に関する議論の基礎を提供している。

ＩＭＦのサーベイランスについては、一九九〇年代後半に発生したアジア通貨危機やブラジル、ロシアなどの経済危機の教訓を踏まえ、危機の再発予防の観点から、その強化の必要性が指摘されてきた。そこで、一九九八年以降、加盟国が自国のマクロ経済制度などの適切性をチェックできる仕組みとして、①マクロ経済データや財政の透明性などマクロ経済運営に関する仕組みが、国際基準を遵守しているかに関する報告書の作成、②金融政策の透明性や金融セクターの監督制度などについて分析・評価を行う金融セクター評価プログラム（ＦＳＡＰ）が導入された。

また、二〇〇六年四月には、従来の四条協議に加え、マルチラテラル・コンサルテーション（多角的協議）が導入された。これは、世界的不均衡を議題として、米国、ユーロ圏、日本、中国、サウジアラビアが参加して実施された。さらに、二〇〇七年六月に、IMFサーベイランスに関する指針を定めた理事会決定が三〇年ぶりに改訂され、為替制度や為替レートの水準に関する評価を重点の一つとすることが合意された。為替相場の分析については、IMF内の部局横断的なワーキング・グループ（CGER）が、モデル分析により加盟国の実質実効為替レートの水準を分析しており、その結果は、各国との四条協議の際に参考にされている。

しかし、こうした様々な取り組みにもかかわらず、米国のサブプライム問題を契機とする二〇〇八年秋以降の世界的な金融危機の発生について、IMFは早期警戒機能を発揮しえなかった。そこで、二〇〇八年一一月にワシントンで開催されたG20金融サミットにおいて、IMFがFSF（金融安定化フォーラム）と協働して早期警戒機能の強化に取り組むことが合意された。

サーベイランスの有効性

世界金融危機にいたるまでの、二〇〇四年から二〇〇七年までのIMFサーベイランスのパフォーマンスについて、IMFの独立評価機関（IEO）から、大変興味深い報告書が公表されている。IEOは、IMFの政策および活動に関して、独立的かつ客観的な評価を行うため、ＩＭＦのマネジメントやスタッフから独立した機関として二〇〇一年に創設された。『世界金融危機（経済金融危機）にいたるまでのＩＭＦのパフォーマンス』と題されたレポートでは、ＩＭＦが早期警戒機能をなぜ果たせなかったのかについて、徹底的に検証を行っている。最初に断っておくが、レポートは、ＩＭＦが世界金融危機やその発生のタイミング、あるいはその規模を予測できたかどうかを問題にしているのではない。バブルがいつ破裂するかどうかを予測するのはきわめて困難である。レポートが評価しようとしているのは、ＩＭＦが、金融システムで進行しているリスクや脆弱性を特定したかどうか、そしてそれらに関して、どのようなメッセージを発してきたかである。

そこで、レポートでは、米国と英国に対する四条協議を点検している。その結果、米英において、急速なイノベーションと成長を促進しているとみられていた政策や金融上の慣行を、ＩＭＦは、おおむね支持していたことがわかる。その理由として、レポートは、ＩＭＦのスタッフが、金融政策や金融規制の問題について、先進国の当局の見方に異議を唱えることに居心地の悪さを感じていたことを挙げている。それは、金融監督当局が、ＩＭＦスタッフよりも、銀行データへよりよいアクセスを持っており、また、自国の金融市場のことをより熟知している上、中央銀行には大変優れた多くのエコノミストがいたからである。

一方、新興国の金融制度に対しては、米英の制度を国際標準として、いろいろと細かな忠告をしていた。金融・通貨危機の際、IMFから支援を受けたタイ、インドネシア、韓国などのアジアの新興国は、IMFのコンサルテーションの際に、金融規制・監督について自由化を含む様々な政策提言を受けたし、金融セクター評価プログラム（FSAP）も実施された。一方、米国に対しては、FSAPが、世界金融危機前には行われていなかった。マレーシアなど、もともと、IMFの英米寄りの姿勢に批判的な新興国からみれば、これは、IMFのダブル・スタンダードである。

危機にいたる要因を分析した例としては、次のようなものがある。まず、住宅バブルの崩壊については、イェール大学のロバート・シラー教授が、二〇〇五年の著書で、住宅価格を歴史的に分析し、住宅に対する投機が相当深刻な問題になっていることを指摘している。また、プリンストン大学のポール・クルーグマン教授も、『ニューヨーク・タイムズ』紙のコラムで二〇〇六年に、住宅バブルの崩壊による景気後退を予測している。さらに、ニューヨーク大学のノリエル・ルービニ教授は、二〇〇六年九月にIMFで行った講演で、住宅バブルの崩壊が、金融危機につながる可能性に警鐘を鳴らしている。

また、規制の欠陥については、早くも一九九八年に商品先物取引委員会（CFTC）が、相対取引の金融派生商品（OTCデリバティブ）の開示と監視を強化する必要性について警告を発している。さらに、金融政策が信用拡大や資産価格に与える影響を考慮に入れるべきであるということを、BISのエコノミストであるクラウディオ・ボリオが、二〇〇二年や二〇〇三年の論文で提唱している。

先見的な少数意見

実はIMFの中にも、進行中のリスクと脆弱性に対して、きわめて先見性に富んだ見方をする者がいた。IMFのチーフ・エコノミストで調査局長だったラグラム・ラジャン（現シカゴ大学教授）は、二〇〇五年にFRB関係の会議で、二回にわたり、個人の資格で金融市場の動向が危機をもたらすリスクについて警告した。投資マネージャーの報酬体系が、過度のリスク・テークにつながり、それが、最終的には、銀行間市場を凍らせ、全面的な金融危機につながるという警告である。しかし、この個人的見解をIMFが組織としてフォローし、加盟国、特に米国への政策提言に活かすことはできなかった。

二〇〇五年に、IMFの『国際金融安定性報告書』（GFSR）は、「流動性の不足が市場価格ショックの増幅装置として働く（たとえば、売り手ばかりで買い手がいないときには、なかなか取引が成立せず、とんでもない低い価格になる）ことが、重大な盲点となっている。これについては、グローバルな金融システムを強化する上で、最優先事項として取り組まれる必要がある。また、低いリスク・プレミアム、市場の自己満足、そしてリスク管理システムが複雑な金融商品のリスクを適正に管理できるかどうかいまだにテストされていないということが、金融市場を混乱させる可能性がある。複雑でレバレッジの効いたクレジット・デリバティブや仕組商品（デリバティブを組み込んだ金融商品）の増殖は流動性リスクを一層高めている」と述べている。これは、サブプライム危機に始まる世界金融危機の原因の本質をつく指摘である。

しかし、こうした知見が、米国や英国のコンサルテーションに活かされることはなかった。米国や英国のサーベイランスを行う地域局にとって、GFSRは、他局である金融資本市場局の報告書に過ぎなかった。また、GFSRは長大であり、そのメッセージが伝わりにくい。IEOが二〇一一年に行った調査では、地域局の職員のうちほぼ半数の回答者が、GFSRをまったく、あるいは、ほとんど利用しないと回答した。最も多かった理由は、GFSRの分析は、国レベルの具体的な洞察にいたっていなかったということである。前記のGFSRからの引用個所だけ取り出して読めば、米国や英国の金融市場のことを指摘しているのは、すぐに気づきそうなものだが、世界の金融市場の動向について網羅的かつ詳細をきわめて書かれている報告書なので、その情報の海の中に、大切なメッセージが埋もれてしまったということだろう。

また、二〇〇四年の世界経済見通し（WEO）は住宅バブルの崩壊の見込みについて、

「英国、オーストラリア、アイルランド、スペイン、そしてそれより程度は低いが、米国とニュージーランドにおける、不動産価格の上昇傾向を特に懸念している」と述べている。しかし、これは、WEOの後ろの方のいわゆる分析チャプターの中の一節である。WEOでは冒頭に、世界経済見通しを記述しており、こちらの方が、注目度が高い。しかし、そこでは、楽観的な見通しが述べられている。つまり、不動産バブルに対する警告は、学術的な興味を引く分析ではあっても、実際の政策を左右しうる、政策提言としては扱われていなかった。

IMF内部の問題点

IEOのレポートは、IMFが、明確な警告を発することができなかった理由を①分析面での弱点、②組織上の障害、③内部ガバナンスの問題、④政治的制約、の四つに整理している。

第一に、分析面での弱点としては、集団思考の弊害を挙げている。集団思考とは、均質な集団が、一定のパラダイムの範囲内のものごとしか考慮せず、パラダイムの基本的な前提をくつがえそうとはしない傾向のことである。マクロエコノミスト集団であるIMFスタッフの間で支配的な考え方は、市場の規律と自己規制があれば、金融機関が深刻な問題に陥るのを防ぐのに十分であるというものだった。スタッフは、また、金融システムは資源を効率的に配分するのみならず、リスクを、リスク負担能力のある投資家の間に再配分することができるというパラダイムを信奉していた。

また彼らは、「確認のバイアス」に陥っていた。これは、自らの予想に適合する情報にのみ気づき、予想に反した情報は無視するという傾向である。世界経済を脅かすリスクとして、IMFが最も関心を持っていたのは、「世界的不均衡とドルの無秩序な下落」であって、金融市場に蓄積しつつあった不均衡などの他のリスクは、概して、無視していた。

分析アプローチの選択の不適切さと重要な知識のギャップも失敗につながった。アジア通貨危機以来の政策評価によって、マクロ経済と金融のリンクに注意を払う必要性が繰り返し指摘されてきたにもかかわらず、両者のリンクは不十分なままだった。IMFのエコノミストが最も重視したモデルは、動学的確率的一般均衡（DSGE）モデルであったが、このモデルは、貨幣と資産市場を最も初歩的なレベルで組み込んでいるに過ぎなかったので、マクロ経済と金融のつながりを議論するのには不十分であった。モデル化するには複雑過ぎる経済状況を分析するにあたって、モデルに頼り過ぎたのが失敗の原因である。

たとえば、バランス・シートの分析が十分利用されていなかった。また、FSAPでは、銀行の健全性を調べるために、ストレステストを用いていた。これはリスクの第一次近似としては有用であるが、流動性ショックをとらえることはできなかった。こうした限界が明示されなかったために、ストレステストが自己満足につながってしまった。

データや情報の欠如は問題ではあったが、本質的な失敗の原因ではなかった。第一に、信用増加率、レバレッジ、ハイリスク商品の拡大、家計のバランス・シートなど、利用可能な情報を、スタッフは無視するか間違って解釈した。また、情報が欠如しているにもかかわらず、証券化のリスク分散機能を称賛した。さらに、先進国以上に情報が不足していたにもかかわらず、新興国の市場に対しては、IMFは警報を発するのをためらわなかった。

第二に、組織上の障害については、組織内で情報の共有が図られていなかったという問題がある。IMFのような国際機関の強みは、他国の経験から学ぶことにあるが、IMFのスタッフは、なかなか、自分の所属する部署を越えて情報を共有しようとはしない。GFSRが提起した金融システム上のリスクが、米英のサーベイランスに活かされなかった原因として、地域局のマクロエコノミストが金融専門家の技能と経験を十分評価していないということも挙げられる。時に、両者の間に「文化の衝突」が起こった。

第三に、組織内のインセンティブの問題である。よいサーベイランスを行うためには、率直な意見の交換が必要である。しかし、多くのスタッフは、上司や加盟国の当局と反する見方を表明することをためらう。周囲の見解と真っ向から反する見方を表明すると、キャリアを台なしにしてしまうと感じていた。こうして、スタッフの見方は中間的な方向に引き寄せられる。周りの見方に合わせておけば、たとえ、後でそれが間違っていても、罰せられることはない。

ＩＭＦは、ヒエラルキーが厳格な組織であり、各部局の任務の境界が明確に定められている。強固な官僚組織であり、時に軍隊的な規律をみせる。これは、融資プログラムのミッションの際などに、重圧のもとで迅速に結果を出すのに効果的な組織である。ただ、そのために、各部局が、封建時代の各領国のように割拠して、スタッフがタコ壺的な思考に陥る弊害をもたらしている。

第四に、政治的制約である。これは①スタッフ・レポートのメッセージに対する修正要求、②当局による調査ミッションメンバーの変更要求、③当局からの暗黙の圧力を意識して自己検閲をしてしまうケース、などである。レポートのメッセージに対する当局からの圧力は国により異なる。スタッフによれば、米国以外の主要先進諸国から、批判的なメッセージのトーンを弱めるようにという明確な圧力があったとのことである。一方、先進国でも小国や新興国に対しては、調査ミッションは、強烈な分析をぶつけることをためらわない。これは、サーベイランスの適用が公平さを欠いているのではないかという懸念を裏付けている。

より効果的なサーベイランスに向けて

ＩＥＯレポートの第5章では、それまでの分析を踏まえて、以下のような改善案を提示している。

第一に、率直で、多様な見方や、異論を奨励する環境を作り出すことである。具体的には、①外部の優れた専門家を理事会やマネジメントとの討議に招いて、型にはまらない異論を求めること、②リスク管理ユニットを創設して、システム上重要な国々が陥りうるリスクを予測する手法を開発し、世界経済について確率は低くても深刻な事態に直面する事態を分析すること、③金融セクターの専門家や金融市場のアナリスト、政策決定の経験を持つエコノミストなどをもっと登用することによって、職員の多様性を広げ、ＩＭＦの閉鎖的な文化を変えること、などを提案している。

第二に、「真実を話す」インセンティブの強化である。具体的には、①マネジメントは、スタッフが自分達や当局の見方に挑戦することを奨励すべきこと、②スタッフ・レポートは理事会の承認がなくても、公表することを検討すべきこと、③ＩＭＦ全体として、組織が健全に機能しているか、定期的に自己評価すること、などを提案している。

第三に、金融セクターの問題に関する検討をマクロ経済の評価により密接に統合することである。具体的には、①ＦＳＡＰの分析結果を国別審査に一層統合する分析手法の開発、②流動性リスクやその波及を評価する手法の強化、③Ｇ20や他の金融センターのミッションに、経験豊富な金融の専門家を含めること、などである。

第四に、タコ壺的な行動とメンタリティーを克服することである。具体的には、①部内のレビュー・プロセスのルールと責任を明確にすること、②横断的な問題について、国や地域を越えて、政策の整合性を確保すること、③国別審査の早い段階において、局をまたがる協働作業を確立すること、などである。

第五に、グローバルな見通しとリスクについて、明瞭で整合的なメッセージを加盟国に届けることである。具体的には、①WEOとGFSRの分析と評価を統合して、加盟国に世界経済に関する整合的で包括的な評価を示すこと、②短く、率直な、グローバル・サーベイランス・レポートを発行すること、③システム上重要な問題については、順調なシナリオよりも、リスクや脆弱性を強調する方に重点を移すべきこと、などである。

以上、IEOのレポートをもとに、世界金融危機以前のIMFサーベイランスのパフォーマンスの評価を、詳しくみてきた。IEOのレポートは、執拗にIMFの弱点を抉り出している。非主流派が不満をぶちまけているような印象さえ受ける。しかし、これほど率直なレポートには滅多にお目にかかれない。

IMFの経済レポートは世界経済について知るために欠くことのできない情報ソースである。一定の品質が保証されているので信頼できる。しかし、客観的に分析しようとするあまり、得てして中庸をとったようなさしさわりのないメッセージとなって、インパクトが弱くなる場合がある。金融・通貨危機について早期警戒機能を果たすというのは、それ自体、非常に高度な分析能力を要する難しい仕事である。さらに、各国の政策当局を批判して、政策変更を求めるというのは勇気のいる仕事である。

しかし、そのメリットは世界経済に広く及ぶので、このレポートの指摘を真摯に受け止めて、IMFが自己改革を行うことを期待したい。また、その実現のためには、加盟国政府が、IMFがご意見番として十分な機能を果たせるような環境を作り出す必要もある。たとえば、IMFの権限を強化するような理事会決定やIMF協定の改正も一案である。現行のIMF協定では、第4条第1項において、各加盟国は、「秩序ある為替取極を確保し及び安定した為替制度を促進するため、IMF及び他の加盟国と協力することを約束する」旨が規定されている。マクロ経済と金融の連関性が高まっていることから、金融・通貨危機の予防のため、IMFのサーベイランスの対象に金融セクターが明示的に含まれるように、協定を改訂することを検討すべきである。

IMFでは、現在、サーベイランスを強化する取り組みを行っているが、早速、成果が出ている。まず、分析面では、世界経済上重要な日本、米国、ユーロ圏、中国、英国の経済の相互依存関係を金融マクロ面で分析するレポートを出している。これは、システム上重要な国で起こったショックが世界経済にどのように波及するかを分析するので、スピルオーバー・レポートと呼ばれている。ユーロ圏についての分析では、ギリシャなど周縁国で債務危機が起こった場合、それ自体であれば、ユーロ圏以外に及ぼす影響は限定的である。ユーロ圏以外の銀行が直接、周縁国の国債を保有する額は限られているからである。しかし、ドイツ、フランス等、ユーロ圏の中心国での金融危機に波及した場合は、金融市場の混乱を通じて、世界的に影響が拡散する様子を定量的に明らかにしている。そのため、ギリシャの債務問題とユーロ圏の金融問題を遮断する必要性を指摘している。

また、二〇一一年秋のIMF・世銀総会に合わせて発表されたGFSRでは、ギリシャ等南欧諸国の債務危機の影響により、欧州の銀行が二〇〇〇億ユーロの資本増強をする必要性があると指摘した。ラガルド専務理事はこれを受けて、古巣である欧州の指導者達に資本増強に取り組むよう求めた。これに対して、当初、欧州の指導者達からは、資本増強の必要性はないと反発があった。金融界からの抵抗があったためだが、その後、ギリシャ問題の悪化を受けて、一〇月中には、ユーロ首脳の間で、銀行の資本を増強する合意が成立した。

IMFの専務理事の発言は、市場に影響を与えるので慎重でなければならない。ギリシャ問題のように微妙な問題ではなおさらである。しかし、質の高い経済分析に裏付けられた政策提言が、政治的な理由で実行に移せない時に、勇気を持って発言することも重要である。

そうでなければ、存在意義がない。

危機後に君子豹変

二〇〇四年から〇七年夏まで世界経済が順調である時には、出番がなくて士気も低下気味だったIMFだが、二〇〇七年夏にサブプライム危機が顕在化してからは、急に多忙になった。IMFの一番重要な機能は、国際収支危機にあたって、支援プログラムを組み、融資を行うことである。この融資による利子が収入源になっている。IMFは銀行ではなく基金である。したがって、各国からの出資をもとに融資を行う共済組織である。この資金の安全性を確保し、必要な資金を常時、加盟国に提供できるようにするのはIMFスタッフの役割である。しかし、融資の条件（コンディショナリティー）が厳格過ぎると、融資の使い勝手が悪くなり、加盟国から敬遠されるようになるので、バランスが大切である。世界的な好景気の中で、IMFの融資は細り収入が減ったため、二〇〇八年に大規模なリストラが行われた。タイミングの悪いことに、その直後から通貨危機が再び多くなったので、融資プログラムの交渉に必要な経験ある人材の確保に苦労した。

二〇〇七年春のWEOにいたるまで、世界経済について楽観的なメッセージを送っていたIMFだったが、いったん危機が表面化してからは、マクロと金融面での分析を駆使して、危機の重大さについて、各国政府に情報を提供し、抜本的な政策対応を求めた。GFSRでは、米国・欧州・アジアの金融セクターにおける損失額を推計し、米欧の政府に厳格なストレステストの実施と公的資金注入を求めた。そして、G20などの場で、各国の政策対応が世界経済に及ぼす影響を分析することにより、政策協調の基礎を提供した。

世界金融危機の原因とIMFの分析

二〇〇八年一一月のG20金融サミットのワシントン会合では、世界金融危機の根本原因を次の三点に整理している。

第一に、高い成長、資本フローの伸び、経済と金融の安定が続いた時期に、市場参加者はリスクを適切に評価せずに高利回りを追求した。その結果、脆弱な引き受け基準、不健全なリスク管理慣行、複雑で不透明な金融商品が、過度のレバレッジを生むことになり、システムを脆弱にした。

第二に、いくつかの先進国では、政策・規制当局はリスクを適切に評価せず、金融の技術革新についていけなかった。

第三に、危機の背後にある主な要因は、マクロ経済政策面で黒字国と赤字国の間の調整が働かないことと構造改革が不十分なことである。これらが、世界的に持続不可能な結果を招いた。

そして、二〇〇九年二月六日のＩＭＦによる『危機の最初の教訓：Initial Lessons of the Crisis』と題するレポートでは、金融政策・財政政策の問題点として、

①多くの中央銀行は、インフレ・ターゲットに傾斜するあまり、資産価格上昇やレバレッジから生じるリスクを十分に考慮に入れていなかった。

②システミック・リスクの蓄積およびそれへの対処の必要性について過小評価していた。

③資産価格上昇への措置としては、金融政策ではなく、健全性規制で対応すべきと考えていた。

④資産価格上昇が反転しても、金利引き下げにより対応可能と考えていた。

と指摘し、

また、世界的不均衡の問題点として、

①米国への資金フローの突然の巻き戻しにより、米ドルの減価も含めた無秩序な調整が起こることが懸念されていたが、今回の危機は違った形をとった。

②しかし、世界不均衡は、システミック・リスクの一因となり、低金利や欧米の銀行への大規模な資本流入を招いた。

と分析している。

IMFのガバナンス構造

IMFは、現在、一八七か国の加盟国から構成されている。IMFの最高意思決定機関は、総務会(Board of Governors)である。総務会は各加盟国がそれぞれ任命する総務一名および総務代理一名から構成される。多くの加盟国は、財務大臣または中央銀行総裁を総務や総務代理に任命している。

総務会の主な権限は、新規加盟国の承認、クォータ(出資割当額)の変更、特別引出権(SDR)の配分等である。IMFの総務会における投票権は、一国一票方式ではない。経済力の大きな加盟国に大きな出資を求め、それに応じた地位と責任を与えることで、国際金融システムの安定や途上国支援といった使命を有効に果たすべきとの考え方のもとに、基本的には、各加盟国のクォータに比例して投票権が割り当てられるという仕組みとなっている。

総務会からIMFの業務の運営に関する広範な権限の委任を受け、これを行使する執行・監督機関が、IMFの理事会(Executive Board)である。

理事会は、IMFの政策決定と実施のモニタリング、加盟国に対する融資の承認、サーベイランスの結果などについての議論を行っている。理事会は、クォータ上位五か国(二〇一一年六月現在、米、日、独、英、仏)がそれぞれ任命する五人の理事(任命理事)と、その他の加盟国により選出される一九名の理事により構成される。

専務理事（Managing Director）は、理事会により選出される。専務理事は、理事会の議長であるとともに、IMFスタッフのトップとしても位置づけられている。

ドミニク・ストロスカーン氏は、二〇〇七年一一月に専務理事に就任すると、優れたリーダーシップを発揮してきた。国際金融危機が進行する中で、G7そしてG20の場における政策協調において、IMFが本来の役割を果たせるように政治力を発揮するとともに、知的な面でもスタッフをリードしてきた。フランスの社会党政権で財務大臣を務めた政治家としての顔と、パリ政治学院で教鞭をとった経済学博士の顔を合わせ持つ彼は、IMF専務理事として適任であり、国際金融危機の中で、IMFの復権を果たした立役者であった。二〇一〇年春、ギリシャに始まるユーロ圏のソブリン・クライシスでは、欧州での人脈を活かして、IMFがユーロ圏の問題に深く関与する道を開いた。ユーロ圏では、当初、ユーロの問題にIMFを関与させたくないという意見が強かった。ユーロ圏の指導者達とストロスカーンとの信頼関係がなければ、EUとIMFの協力はさらに遅れることになっただろう。また、IMFのガバナンスの改革という欧州の利害がからむ問題にでも、優れた調整力を発揮した。それだけに二〇一一年五月の専務理事の逮捕と辞任は青天の霹靂《へきれき》であり、IMFが受けた衝撃は計り知れない。

資金基盤の強化とガバナンスの改革

世界金融危機の発生によって、ＩＭＦの融資残高が急増したので、資金基盤を強化する必要が生じた。前述のように融資財源は、加盟国からの出資であるクォータを基礎としているが、国際金融上の緊急事態の際には、それを補完するため、加盟国有志から借入を行う仕組みもある。今回は、まず、この借入の仕組みの拡充によって、緊急的に融資財源を確保した上、大幅な増資についても合意された。また、増資は、加盟国の出資比率を世界経済の変化に対応させるというガバナンスの改革と密接に結びついている。

借入の仕組みの拡充策として、新規借入取極（ＮＡＢ）の拡大・柔軟化が実施された。これは、大きな通貨危機が起こって、ＩＭＦの資金基盤の拡充が必要となった際に、取極参加国から事前に合意された限度額の範囲内で資金をＩＭＦへ融資する仕組みである。新ＮＡＢは二〇一一年三月一一日に総額約五九〇〇億ドルの規模で発効した。我が国のシェアは一七・九五％を占め、米国の一八・八〇％に次いで、単独二位である。また、二〇〇九年四月のＩＭＦ国際通貨金融委員会（ＩＭＦＣ）の際、我が国は議長となり、ＮＡＢ会合を開催するなど、合意形成に貢献した。

二〇一〇年一〇月韓国の慶州で開催されたＧ20では、ＩＭＦのクォータおよびガバナンスの改革についてのいくつかの野心的な提案に合意した。

クォータの見直しにあたっては、GDP、経済の開放性とその可変性、外貨準備を変数とするクォータ計算式により算出された理論上のクォータ・シェアを参考にして決定されている。二〇一〇年一〇月のG20で実質合意された増資案では、中国のクォータ・シェアは、六位の三・八一％から三位の六・〇七％に上昇する。我が国のシェアは、現行の六・二三％から六・一四％に若干、低下するが単独二位を維持する。今後、各国が所要の措置を完了し、IMFの総投票権数の八五％以上かつ、加盟国数の五分の三以上の加盟国によって受諾されると、この増資が発効する。

こうして、世界経済の変化を反映するために、クォータや理事の配分において、欧州から新興国へのかなり実質的な譲歩がみられた。クォータはIMFにおける投票権の基礎になっている。また、IMFから融資を受ける際にもクォータ比何％という形で融資限度額（アクセスリミット）が決められている（第4章参照）。しかし、依然として、欧州はブロックとしては非常に大きな影響力を保持している。そのため、これまで欧州出身者の指定席となってきた専務理事には、今回もフランスのラガルド財務相が選出された。一方、今回の専務理事の選出にあたっては、新興国の発言権の強化が一つの争点となった。七月に就任したラガルド専務理事は、早速、中国の朱民専務理事特別顧問を副専務理事へ昇格させた。

II——国際資本移動と通貨危機

資本取引規制の動き

金融危機の一因となった世界的な経常収支不均衡を是正するためには、新興国においても通貨調整や内需拡大が求められる。一方、新興国への急激な資本流入は、バブルの発生と破裂による資本収支型危機につながる恐れもある。そのため新興国では、資本取引規制の動きが広がっている。資本取引規制について、ＩＭＦは従来、否定的な見方をしていた。資本取引の自由化は、貿易取引の自由化と並んで、経済のグローバル化を進める大きな推進力となってきたからである。

国内での金融の自由化は、貯蓄者と資金需要者を仲介する機能を向上させ、資源配分の効率性を高める。これによって、投資効率の高いプロジェクトに資金が回り、雇用と経済成長にプラスの効果をもたらす。また、貯蓄者に高い投資リターンをもたらし、個人所得の拡大を通じて個人消費を拡大する。さらに、年金原資の投資リターンを高めて、年金の充実や年金財政の改善につながる。

しかし、金融の自由化は同時に、金融とマクロ経済の相互作用によって、信用バブルの生成と崩壊を助長し、経済を不安定化させる危険をはらんでいる。そこで、金融を自由化する際には、金融の規制・監督も強化する必要がある。金融機関によるリスク管理の強化が必要であり、それを市場が監視するため、情報の開示（ディスクロージャー）の強化が必要である。金融当局は、こうした環境整備を図り、金融機関によるリスク管理が適正に行われているかを、常時チェックしていかなければならない。

金融のグローバル化のリスク

金融の国際化についても同じようなことがいえる。経済開発の途上にある開発途上国においては、先進国と比べて、資本蓄積が遅れている。そのため、資本が希少であり、資本の限界生産力が高い。つまり、有望な投資プロジェクトが豊富にあり、投資リターンが高い。資本取引を自由化して、先進国など外国から資本を導入すれば、資本コストを下げ、資本蓄積を促進することができる。先進国からの資本導入は同時に、高い技術や経営ノウハウをもたらす。直接投資がその典型例である。過去三〇年にわたる中国の改革開放政策の目覚ましい成果は、直接投資の導入なくしては、ありえなかった。インドにおいても、過去二〇年間の経済の開放政策が経済成長の加速に大いに貢献してきた。

直接投資以外の証券投資や国際銀行取引の自由化も国際的な金融仲介の効率化を通じて、

経済開発に貢献する。国債投資であれば、政府による経済インフラの整備の原資になりうる。また、株式投資なら、国内企業による投資の原資になる。銀行サービスの自由化も国内の産業に新たな選択肢をもたらすと同時に、国内の銀行セクターに外資との競争を導入することにより、銀行セクター全体の効率化・高度化をもたらす。先進国にとっても、開発途上国の経済発展に開発金融面で貢献すると同時に高い投資リターンを享受することができる。

しかし、金融の国際化の場合には、国内金融の自由化以上に危険性が高い。先進国からみれば、それはカントリー・リスクということになる。金融のグローバル化の進展は、世界経済の成長を加速させると同時に、通貨危機の頻度を増大させてきた。伝統的な国際収支の悪化パターンとは異なり、巨額の対外資本フローが、市場心理の変化をきっかけに急激に逆流することにより、資本輸入国が突如として国際収支上の危機に直面するタイプの危機が頻発するようになっている。これは、「資本収支型危機」あるいは「二一世紀型危機」と呼ばれている。アジア通貨危機以来、IMFによる資本取引の自由化促進や資本収支型危機への対処策に対しては、新興国などから批判が寄せられてきた。さらに、今回の世界金融危機を受けて、国際的な資本移動の不安定性が改めて問題となり、それが、資本取引規制に対するIMFの姿勢を柔軟化させることにつながった。

資本収支は経常収支と裏腹

資本取引の自由化は、国際的な金融仲介の効率性を高め、途上国にとっても先進国にとってもメリットをもたらす。また、途上国においては、政府による規制によって市場メカニズムが働かず、それが経済発展を阻害したり、国際収支危機につながったりする例が多い。そのため、先進国以上に規制緩和などの構造改革の必要性が高い。そのため、IMFは途上国に対して、一貫して経済の自由化や対外開放を求めてきた。それは、平時においては国別審査という形で発揮され、国際収支危機の際には、IMF支援プログラムにおける構造コンディショナリティーという形で働いてきた。

また、資本取引規制は、経常取引に対する規制と裏腹の関係にある。これは、次のような、国際収支の会計上の恒等式から説明できる。

（経常収支）＋（資本収支）＝0

あるいは、

（経常収支）＝－（資本収支）

経常収支は、ものやサービスの海外との取引によるマネー（代金）の出入りを記録したものである。輸出をすれば、マネー（輸出代金）が海外から国内に入ってくるので、黒字に記録される。輸入の場合は、反対にマネー（輸入代金）が海外に出ていくので、赤字に記録される。資本収支は資本の取引によるマネーの出入りを記録したものである。資本収支も経常収支と同様に、マネーが入ってくれば黒字にカウントされ、出ていけば、赤字にカウントされる。たとえば、日本の投資家が米国債を購入すれば、購入代金が海外に出ていくので、赤字に記録される。また、米国の投資家が日本株を購入すれば、米国から日本に購入代金が支払われるので、黒字に記録される。つまり、資本取引の場合は、経常取引の場合とは逆に、資本の輸出は赤字、資本の輸入は黒字にカウントされる。

前記の式からわかるように、経常収支と（広義の）資本収支を足し合わせると必ずゼロになる。つまり、経常収支が黒字の時は、必ず資本収支は赤字となっている。海外にネットでものやサービスを輸出している時（輸出>輸入の時）には、経常収支が黒字になるが、この時には、同時に海外に対する金融債権が増える。つまり、お金を貸している（資本収支は赤字になっている）のである。

さて、IMFには協定上、経常取引の自由化を推進するマンデートが与えられている。IMF八条国（経常取引の完全自由化を受け入れた国）は安全保障上の理由を除いて、経常取引を完全に自由化する義務を負っている。そのため、輸入増加によって経常収支の赤字が膨らんだからといって、国際収支上のバランスの回復を理由として、輸入制限をすることはできない。IMF一四条国（加盟したばかりで自由化の条件が整っていない国）については既存の経常取引の制限を過渡的に保持することが認められている。しかし、経済的条件が整い次第、できるだけ早く八条国へ移行することが推奨されており、ＩＭＦは国別審査の際に、その点をチェックしている。

一方、資本取引の自由化については、明確なマンデートがない。ところが、経常収支と資本収支が裏腹の関係にあることから、経常赤字に直面した国は、資本流入を規制して、資本収支の黒字を制限することによって、経常赤字を制限することができるのである。そこで、資本取引については、完全自由化を推進するマンデートを与えておきながら、資本取引について協定上、何らのマンデートを与えていないのはバランスを欠く面がある。

こうした考え方に基づいて、一九九七年九月に香港で開催されたＩＭＦ・世銀総会の際には、ＩＭＦのマンデートを資本取引の自由化にまで拡大する協定改正の一歩手前のところまでいった。当時は、金融のグローバル化が世界経済に及ぼすプラスの側面が評価されていたためだが、一九九七年七月には、タイで通貨危機が起こり、それが、東アジア全域に資本収支型の危機として波及していくタイミングと重なったため、ＩＭＦに対する激しい批判と懐疑を巻き起こす一因となった。

資本自由化とアジア通貨危機

アジア通貨危機の際、ＩＭＦは支援国の金融セクターを安定させるため、外資を導入することを勧告した。韓国は金融セクターの再生を進める際、外資を導入して成果を挙げた。しかし、タイ、韓国、インドネシアなど、ＩＭＦの支援を仰いだ国々では、ＩＭＦが金融セクターの開放を求めるのは、先進国の金融機関の利益を代弁しているからではないかという疑念が強まった。ＩＭＦは途上国の金融の効率性を高めるため、普段から自由化・国際化を勧めている。また、通貨危機の際には、財政支援の負担者である先進国政府の意向を、普段以上に尊重しなければならなくなる。そのため、支援プログラムが一層自由化の色彩を帯びることになり、弱い立場にある被支援国が被害者意識を持ちやすくなる面があることは否定できない。

マレーシア政府は、通貨危機発生当初、緊縮財政政策と金融引き締めによって対応していたが、景気の落ち込みや株価下落の逆資産効果（消費や投資へのマイナスの影響）をみて、一九九八年七月以降は金融緩和に転じ、資本取引規制を大幅に強化するとともに、自国通貨であるリンギを管理相場制から対ドルの固定相場制に変更（一九九八年九月）し、ＩＭＦ支援を受けずに危機への対処を行った。

アジア通貨危機と資本取引の自由化の関係については、ＩＭＦの独立評価機関が、二〇〇五年五月に、「資本勘定の自由化に関するＩＭＦのアプローチ」という報告書を出している。

資本勘定とは国際収支勘定のうち、証券投資など資本取引を記録するものであり、輸出入などを記録する経常取引勘定と対置されるものである。報告書によれば、「一九九〇年代を通じて、IMFが資本勘定の自由化を積極的に促したことは明白であるが、自由化を進めたすべての国において、そのプロセスは、ほとんどの場合、その国の当局自身の経済的または政治的な課題として推進された。また、IMFのプログラムにおいて、IMFが資本勘定の自由化を正式のコンディショナリティーとして要求したケースはなかった」とする一方で、資本自由化のペースや順序（sequencing）の問題意識がIMFにおいて不十分であったことを指摘している。これは、金融市場の規制や監督体制の整備を行ってから資本自由化を進めるべきという注意喚起である。

資本収支型危機に対する予防策の不備

こうした考え方も踏まえ、IMFでは、資本収支型危機を予防するため、金融の規制・監督の向上を目標としたサーベイランスの強化に力を注いできた。これは、借り手の責任、つまり新興国側の努力を重視したアプローチである。一方、貸し手の責任、つまりヘッジファンドや先進国の機関投資家の責任については、金融安定化フォーラム（FSF）で検討が進められた。これは、マレーシアのマハティール首相が、ジョージ・ソロスを批判したことにみられるように、ヘッジファンドなどの投機筋が中小の新興国をマネーゲームの場として不当に利益を得ているという見方を反映して検討が始まったものである。英国を除いた欧州や日本などは、透明性の強化などヘッジファンドへの規制強化には前向きであったが、ヘッジファンドを擁する米英は否定的であった。結局、ヘッジファンドに資金を提供する金融機関の健全性規制を通じて、間接的にヘッジファンドが国際金融システムを攪乱《かくらん》することがないようにするということになった。

今回の世界金融危機は、ヘッジファンドが主因ではないが、IMFやFSFによる国際金融システム強化の取り組みが不十分であったのは明らかである。まず、IMFについては、新興国の金融セクターのサーベイランスには力を入れてきたが、世界の金融センターである米英に対するサーベイランスについては、すでにみたように、まったく不十分であった。また、FSFの取り組みも資本収支型危機の対応策としては、本質をついていなかった。問題の本質は、巨額の資本収支の動きに翻弄される新興国にとって、マクロ政策や金融規制・監督の強化だけでは対応しきれない部分があるのではないかという点である。FSFが機能しなかった理由としては、FSFのメンバーが先進国や香港、シンガポールなど金融センターを持つ国・地域に限定されていたことから、貸し手責任の視点が弱かったことも一因となったのではないかと考えられる。

資本取引規制に対するＩＭＦの新基準

今回、世界金融危機において、これまで、ＩＭＦが金融セクターのモデルとしてきた、市場型金融システムをとる米英が、金融危機の発生源となり、新興国がその被害者となったことから、国際金融システム改革においても、新興国の立場に配慮した動きがみられる。ＩＭＦの融資制度においても、コンディショナリティーの合理化やフレキシブル・クレジット・ライン（ＦＣＬ：第4章参照）の創設などの改革はそうした動きの一環である。

また、サーベイランスにおいても、米英を含む金融システム上重要な国の政策が他国に及ぼす影響（spillover）についてもサーベイランスを強化するとしている。これは、たとえば、ＦＲＢの金融政策が新興国への資本移動に与える影響を含む。また、Ｇ20の場でも、資本取引規制に対して一定の理解を示す声明が出されたり、ＩＭＦ理事会やＩＭＦＣから、ＩＭＦに対して、資本取引の自由化の順序について適切なアドバイスができるように検討を進めよという要請が行われたりした。それでは、こうした動きを受けて、資本取引規制に対するＩＭＦの見方はどこまで柔軟になったのだろうか。

ＩＭＦは、経済の開放が経済成長にとって有力な戦略であり、資本の自由化を進めることが望ましいという哲学は依然として堅持している。その上で、巨額の資本移動が、時として、対外開放度の高い中小国の経済を攪乱させることにどのように対処すべきかが問題となる。これについては資本流入の急増に直面する国が適切なマクロ政策と金融規制・監督によって、自衛することが、まず重要だと考えている。しかし、それでも、対処しきれない時には、できるだけ、市場を歪めない形で、一時的に、資本取引規制を行うことを容認するようになってきている。

こうした条件付きで資本取引規制を容認するという方針転換を初めて体系的に示したレポートが、二〇一〇年二月にIMFのスタッフから出された「資本流入：規制の役割」というスタッフ・ポジション・ノートである。このレポートでは、「資本流入の急増への対処法：マクロ経済およびプルーデンス政策上の考察」と題するフローチャートを掲載しており、国内の経済状況のチェックポイントを示している。プルーデンス政策とは、金融機関の健全性規制のことである。そこでは、適切な政策対応をとった上で、最後にやむをえない場合には、資本取引規制にたどりつく道筋が示されている。

マクロ経済上のチェックポイントとしては、まず、為替レートが過小評価されている時は、通貨を切り上げるべきであるとしている。為替がすでに適正水準にあり、かつ、外貨準備の蓄積が望ましい場合には、外貨買いの為替介入をすればよい。その際、外貨買い介入による自国通貨の放出によって、国内インフレが懸念される状況なら、市場に放出された自国通貨を債券の売りオペなどの公開市場操作により回収する不胎化（外貨買い介入に伴う自国通貨の増発を相殺する操作）を行う。さらに、不胎化が量的に限界に達するか（売りオペに使う手持ちの債券が底をつくか）、そのコストがあまりに高くなった場合（中央銀行が不胎化のために債券を発行する場合、それにつける利子のコストと外貨準備の運用による金利収入の逆ザヤが大きい場合）には、不胎化に代えて財政引き締めを検討する。景気情勢などにより、財政引き締めが望ましくないか、政治的に困難な場合は、資本取引規制によって資本流入を抑制する、といった具合である。

また、外貨準備がすでに十分で、国内にインフレ懸念がない国の場合には、金利の引き下げを行って、資本流入を抑制することを勧めている。プルーデンス政策の観点からは、海外からの過大な借入や信用ブームの懸念がある場合には、健全性規制を強化する措置をとることを勧めている。ここでも、プルーデンス政策だけでは、金融の行き過ぎによるバブルの発生を防止できない場合には、資本取引規制を行うことが容認される。

ただし、資本取引規制を行おうとする場合は、その実効性や世界的な影響を考慮すべきとしている。実効性については、チリの資本取引規制が短期の資本流入を抑え、その構成を長期化する効果があったとしている。チリでとられた資本取引規制策は、無利子強制預託制度（unremunerated reserve requirement）というタイプの規制である。これは、たとえば、海外投資家がチリの債券に投資する際、一か月間、無利子で投資額相当の準備金を積ませるというものである。こうすると、一か月未満の投資については、リターンが大きく減殺される。投資期間が長くなるにつれて、無利子の準備金の負担は軽くなるので、投資の期間構成を長期化する効果があるのである。

また、規制の効果については、規制を執行する能力が問題となる。それまで、厳格な為替規制を布いていた当局が、規制を緩和することは比較的容易であるが、すでに為替規制を緩和している国が改めて規制を強化した場合、その実効性を確保できるかが問題となる。また、金融機関や投資家はいずれ規制の抜け道を見つけるものなので、その抜け道をふさぐために、規制を常に強化していかないと実効性を確保できないという問題も深刻である。

一方、規制の世界的（マルチ）な影響とは、規制がドミノ現象を引き起こし、グローバルな資本市場が分断される危険性のことである。ある国が資本取引規制を行うと、その国と競争関係にある国でも資本取引規制に逃避するインセンティブが生じる。現に、中国が厳格な資本取引規制によって、人民元の増価を抑えているため、為替がより柔軟な国でも資本取引規制によって、為替の増価を抑制しようというインセンティブが生じている。韓国、インドネシア、インドを含むアジアの新興国で顕著であるし、ブラジルなどもそうである。そして、そうした地域の貿易大国が資本取引規制に逃避すると、その周辺国も資本取引規制に逃避しようとするのである。

その後、IMFでは、二〇一一年四月に「資本フローの制御：どの手段を使うべきか？」というスタッフ・ディスカッション・ノートを出して、資本取引規制についてさらに分析を深めている。また、理事会討議のために作成された理事会ペーパーも公表されている。

資本流入に対する政策対応

通貨戦争が盛んに議論されていた二〇一〇年一〇月、韓国・慶州で開催されたG20会合に、資本流入に対して現実にどう対処すべきかについて、IMFが「グローバルな経済見通しと政策対応」という資料を提出している。そこでは、政策対応の際の三基準として、①為替レートが過小評価されていないこと、②経済が過熱していること、③外貨準備が適正水準にあること、の三点を挙げ、それらの組み合わせによって、適切な政策対応を場合分けしている。それによると、明確に、資本取引規制策をとることが望ましいとされているのは、この三基準をすべて満たす場合のみとされている。なお、その際にも、経済の過熱に対処するため、金融健全性規制策を合わせてとることを勧めている。

具体的な政策アドバイスは次のとおりとなっている。

①資本流入に対する政策対応は、各国の状況に応じてとられる必要がある。

②適切な政策対応は資本移動が恒常的なものか一時的なものかによって変化する（資本移動が恒常的なものであると評価されるのであれば、資本が逆流する恐れは低いので、資本取引規制策をとる必要性は低い。その資本移動が恒常的なものであるなら、それを前提として、マクロ政策や構造政策面で必要な政策調整を行うことが望ましい）。

③ブラジルとインドにおいては、外貨準備の水準は適切であり、為替レートは柔軟に変動してきているので、財政の引き締めによって、資本流入の管理が助けられるであろう（財政引き締めによる金利の低下によって資本収入が抑制される）。これは、また、より低い実質金利への収斂の促進を助けるであろう。もし、これらの措置だけでは不十分な場合は、一層の為替レートの増価、外貨準備の蓄積、マクロ・プルーデンス政策、そして慎重にデザインされた資本取引規制、の中からいくつかの措置を組み合わせた政策対応も、必要になるかもしれない。

④韓国とインドネシアにおいては、外貨準備の水準は適切であり、為替レートは過大評価されておらず、現在、経済を過熱させる圧力はみられないので、巨額の資本流入に対する最適な第一の防衛線は、依然として、為替レートを自由に変動させることである。

前記で取り上げられている四か国はＧ20のメンバー国で、今後の我が国の経済戦略を考える上で、いずれも重要な国々である。開発援助や経済協力の面でも、伝統的に我が国との関係が深い。そこで第４章で改めて取り上げる。

III——国際的な金融規制改革

金融規制改革における国際協調

アジア通貨危機では、一国の金融監督の失敗、金融システムの不安定が、国際的な金融システムの不安定につながるということが認識された。これを契機に、金融規制・監督が、それまでの当局レベルの議論にとどまらず、大臣レベルでも取り上げられるようになり、一九九九年にＦＳＦが創設された。これにより金融規制の国際協調が、Ｇ７による政策協調の主要議題となった。ＦＳＦにおいては、銀行、証券、保険の規制・監督当局が、国際金融システムの強化を視野に入れて意見交換を行い、Ｇ７に報告するようになった。

さらに、今回の危機では、サブプライム・ローン問題が、米国の住宅ローン市場から欧州での証券化ビジネスまでつながる一連の取引から生まれていることが特徴となっている。これにより、国境を越えて広がる金融システムの持つリスクや脆弱性に焦点が当たるようになってきている。そこで、金融規制・監督のターゲット自体が、各国の主権の及ぶ範囲を越えることになり、政策協調の必要性がさらに一段階上がることになった。

金融規制に関する国際協力としては、従来から、バーゼル銀行監督委員会による自己資本比率規制が有名で影響力が強かった。バーゼルIが一九八八年に合意された後、金融市場の一層の自由化・国際化に対応するため長期の国際交渉を経て、二〇〇四年にバーゼルIIが合意された。ところがその直後から、サブプライム・ローンやその証券化が金融システムを脆弱にしていたことになる。そこで、さらにリスク資産の管理を精緻化、資本規制を強化するとともに、流動性規制を導入するため、バーゼルIIIの検討が進められることとなった。

そして、二〇〇九年三月、FSFは、メンバーをG20参加国に拡大して、FSB（金融安定理事会）となり、G20サミットに金融規制改革の検討状況を報告することになった。

G20サミットにおける金融規制改革の議論の経緯

二〇〇八年九月のリーマン・ショックによって、金融市場の混乱が世界的な経済危機に発展した。これを契機として、G20首脳会合で金融規制改革の国際協調が進められてきた。

二〇〇八年一一月のワシントン会合から二〇〇九年四月のロンドン会合までは、金融システムの脆弱性に着目した議論が中心であった。

二〇〇九年九月のピッツバーグ会合からは、金融危機後の規制の再構築を展望した議論が行われた。二〇一〇年六月のトロント会合を経て、二〇一〇年一一月のソウル会合までに、主な金融規制改革の枠組みに合意した。ソウル会合では、合意の着実な実施が重要とされ、二〇一一年一一月のカンヌ会合に向けて、さらなる改革につき検討を進めることにも合意した。

金融規制改革に関する主な論点

（1）国際的に活動する銀行の自己資本・流動性規制（バーゼルⅢ）
G20ソウル・サミットにおいて了承され、二〇一〇年一二月に詳細なルール・テキストを公表した。各国は、新たな規制を二〇一三年から段階的に実施する。

（2）システム上重要な金融機関（SIFIs《シフィーズ》）
金融システムに与えるリスクに応じ規制・監督を強化することになる。まず、「グローバルに」システム上重要な金融機関（G−SIFIs《ジー・シフィーズ》）の規制・監督を強化することで国際的に合意した。二〇一一年に、G−SIFIsを特定し、適用措置（追加的な自己資本規制など）を決定する。G−SIFIs以外のSIFIsの取り組みに関しても今後議論する。

（3）ヘッジファンド・格付け会社・店頭デリバティブ市場の規制・監督（登録制の導入、

清算機関の利用など）

証券監督者国際機構（ＩＯＳＣＯ）等の基準設定主体などが、ヘッジファンド・格付け会社・店頭デリバティブ市場の規制・監督に関する国際的な原則などを策定。清算機関に関する検討などに引き続き取り組み中。

（４）会計基準の収斂

国際会計基準と米国会計基準の収斂作業について、二〇一一年末の完了を二〇一〇年一一月のＧ20ソウル・サミットで要請した。我が国は、二〇一〇年三月期から、国際会計基準の任意適用を開始。

（５）報酬慣行の改革

金融機関の健全な報酬慣行に関する原則等を二〇〇九年に国際的に合意。我が国は、当該原則に沿い、監督指針を改訂。

（６）国際基準の遵守に非協力的な国・地域への対応

二〇一一年春までに非協力的な国・地域を特定。

（７）その他、Ｇ20ソウル・サミットで合意された今後の検討事項

①マクロ健全性政策（マクロ・プルーデンス政策）の枠組み

②新興市場・途上国に関する規制改革上の課題

③シャドー・バンキング（銀行業務の外で金融仲介を行う主体等）
④商品デリバティブ市場
⑤市場の健全性および効率性
⑥消費者保護

我が国の対応において留意すべきこと

今回、こうした大規模な規制の見直しが必要になったのは、あくまで、欧米発の金融危機が起こったためである。危機の主な原因は、規制・監督体制の不備による金融システムの脆弱性、短期志向を助長する報酬体系による過度のリスク・テークなどである。たとえば、保険会社を傘下に持つＡＩＧグループのデリバティブ取引が、ＡＩＧ破綻の原因であったが、保険会社の監督は、アメリカでは州当局の責任となっている。ＡＩＧの経営危機は世界の金融界を揺るがしたが、その監督機関がニューヨーク州だけで、連邦政府が関与していないというのでは国際的な連携がとりにくい。また、アメリカを代表する投資銀行が今回の危機の大きな要素であったが、証券取引委員会（ＳＥＣ）は証券市場の不正の取り締まりには力を入れていたが、投資銀行の経営の健全性や流動性管理には気を配っていなかった。この問題については、今回の危機を経て、いずれの投資銀行も、ＦＲＢの監督と流動性の支援を受けうる金融グループに改組されることになった。

また、AIGやリーマンの破綻の原因となった、クレジット・デフォルト・スワップ（CDS：債権のデフォルト〔債務不履行〕に対する保険）を提供するというデリバティブ取引もアメリカの金融界の短期利益志向によるものだった。すなわち、債権のデフォルトに対する保険を提供すると保険料が入ってくる。したがって、短期的には大きな利益を上げることができる。しかし、保険だから、将来、保険の支払が回ってくる。今回、金融危機で、この保険の支払いが一挙にやって来て、AIGは破綻した。証券化商品の組成についても、短期的に大きな利益を上げることができたが、金融危機になってその価格が暴落し巨額の損失が生じた。しかし、CDSの引き受けや証券化商品の組成で巨額の報酬を得た金融マン達は、巨額の損失が出た後も、巨額の報酬を返納させられたわけではない。これが、過度のリスク・テーク、いわゆるモラル・ハザードを生む仕組みである。

こうした問題は、皆、アメリカの金融システムと規制監督体制に特徴的な問題であって、我が国では、同様の問題は起こっていない。また、ロンドンでは、シティーを国際金融センターとするために、「ソフト・タッチ」と呼ばれる緩い規制を布いていた。そのために、その責任追及の意味もあって、今回の金融危機後、規制体制の大幅な見直しを行っている。すなわち、金融監督機構（FSA）をイングランド銀行（中央銀行）の傘下に戻して、マクロ面にも目配りしながら、金融システムを監視できるようにしている。

一方、我が国では、一九九〇年代末から二〇〇〇年代初頭にかけての不良債権問題への対応の中で、金融システムに対する監視や破綻処理のシステムの整備が進んだ。そのため、今回、円高や輸出の減少によって、生産が大きく落ち込んだものの、金融システムの安定性は維持された。そこで、欧米の金融危機に端を発した規制強化を一律に課せられると過剰規制になる恐れがある。

我が国にとっての最重要関心事項は、システム上重要な金融機関やそのグローバル版のＧ−ＳＩＦＩｓの取り扱いである。これらは、大き過ぎて潰せないという救済期待から、モラル・ハザードを招きやすいこと、また、金融システムに与える影響がより大きいことから、通常の金融機関に課せられる自己資本規制に上乗せした自己資本規制が課せられる。我が国の金融機関の場合には、今回、欧米のような過度のリスク・テークがみられていないため、我が国の事情に十分配慮した決着が図られるよう粘り強い交渉が求められる。報道によると、交渉にあたった金融庁では巧みな多数派工作によって、規制強化実施のスケジュールなどの点で合意内容を我が国に有利な方向に誘導したようである。

Ｇ20のカンヌ・サミットでは、ドラギＦＳＢ議長より、Ｇ−ＳＩＦＩｓや、シャドーバンキングへの規制・監視強化をはじめ、金融規制改革をめぐる議論の進展等について報告が行われた。これに対し、多くの首脳から、国際的に整合性のとれた着実な取り組みを進めるよう要請があった。また、G－SIFIs規制の対象となる機関が発表され、我が国からは、メガバンク三行が指定された。

なお、バーゼルIIIの概要や評価に関心のある読者は、財務総合政策研究所の国際的な資金フローに関する研究会第二回会合の議事録を参照されたい(http://www.mof.go.jp/pri/research/conference/zk093/zk093_02.htm)。同会合での発表資料「マクロ経済安定化という視点からみたバーゼルIII等最近の金融規制の評価」では、①バーゼルIIのプロシクリカリティの緩和のために資本を積むというアイディアは画期的であるが、マクロ・プルーデンス政策の実際の適用は、まだまだ未知数であること、②大きくて潰せないという救済期待によるモラル・ハザードを防ぐため、SIFIs破綻という議論を持ち出したことも画期的であるが、これは他国にシステミック・リスクをばらまく可能性があること、③自己資本の水準偏重の政策は銀行の行動を歪める可能性があること、などを指摘している。

第4章　途上国・新興国経済と日本の成長戦略

I――途上国支援と新興国経済

世界金融危機と途上国経済

二〇〇七年夏にサブプライム危機が起こった当初、景気への悪影響は、欧米の先進国に限定されるのではないかという楽観的な見方があった。一つには、サブプライム・ローンの証券化や金融デリバティブの影響は、もっぱら、欧米先進国の金融機関に限られると考えられたからである。もう一つは、中国、インドなど新興国の成長力は健在であるというディカップリング論である。

世界金融危機が途上国に与えた最初の影響は、新興国における資産価格の下落である。資本取引が比較的自由化されている新興国に対しては、二〇〇四年から二〇〇七年の好況期に、先進国から多額のポートフォリオ（証券）投資が流入していた。これは、世界的なリスクプレミアムの低下と低金利を受けて、よりハイリスクでハイリターンな投資が活発になっていたからである。ところが、欧米の先進国で金融危機が起こると、リスク回避の動きが強まり、レバレッジが縮小され、新興国に投資されていた資金が本国に回帰した。

第二の影響は、二〇〇八年夏にかけての石油や穀物などの一次産品価格の高騰である。これは、先進国で金融システム不安とそれによるデフレ懸念に対処するため、積極的な金融緩和が行われたためである。先進国の金融資産に対する信任が揺らいだため、行き場を失った資金が、消去法的に、実物資産に流れた。また、この時点では、新興国を中心とする開発途上国の人口増加と生活水準の上昇を背景とする経済成長が継続するという見方も強かった。それによって、石油や穀物に対する実需も堅調に推移するという予想が商品価格高騰の背景にあった。

一次産品価格の高騰は、中東やロシアなどの産油国やブラジルなどの財政収入や外貨準備を豊かにする一方、石油や穀物の輸入国の国際収支を悪化させた。また、途上国での燃料価格や食料価格の高騰によって、貧困層が打撃を受けた。こうした問題に対して、世界銀行（国際復興開発銀行：IBRD）は、警鐘を鳴らすとともに、先進国と途上国が協調するよう呼びかけた。すなわち、先進国が、国内の金融危機に目を奪われて、途上国の貧困問題を忘れてしまわないようにというメッセージを発した。また、途上国に対する融資や政策アドバイスを行った。

二〇〇八年九月にリーマン・ショックが起こると、世界の金融センターが機能不全に陥ったため、新興国からの資本流出が激化し、株価と通貨がさらに大きく下落した。こうした金融面の影響に加えて、世界貿易の収縮による実物面の影響も深刻であった。このため、欧州の新興国で通貨危機が起こった。さらに、世界的な景気後退の懸念から、商品価格が下落した。二〇〇八年夏のピーク時には、一バレル一四五ドルを超えた石油価格は年末には、三〇ドル台まで下落した。これによって、石油に依存したロシア経済は大きな打撃を受け、外貨準備を減少させた。

アジアでも輸出依存が高い国が多かったため、世界貿易の収縮による生産の落ち込みは大きかった。また、対外債務が大きかった韓国では、急激な資本流出を受けてウォンが暴落し、通貨危機の一歩手前まで行った。一方、同じアジアでも資本移動を制限していた中国は、積極的な財政金融緩和策によって、いち早く景気回復した。また、インドやインドネシアは、内需型の経済であったため、景気の落ち込みは小さかった。

途上国支援

新興国における通貨危機は欧州で最も深刻であったが、金融危機の世界的な広がりを受けて、欧州以外でも、パキスタン、エルサルバドル、モンゴルなどが、二〇〇八年一一月から二〇〇九年三月にかけて、ＩＭＦ（国際通貨基金）の支援を受けた。また、アフリカなどの低所得国においても、一次産品価格の低下や貿易の縮小、先進国からの資金の流れの縮小によって、貧困問題が悪化することが懸念された。そこで、二〇〇九年四月にロンドンで開催された第二回のG20サミット（二〇か国首脳会議）では、途上国支援が大きなテーマとなった。

まず、サミットでは、途上国の①貿易金融、②成長のためのインフラ整備、③景気刺激策、④貧困対策、のための資金支援が焦点となった。国際金融機関などを通じて途上国が必要とする資金を供給することは、世界経済の収縮を抑制し、先進国の景気回復を助けることにもつながる。

同サミットでは、「国際金融機関を通じた資金供給に関する宣言」が発表され、IMFおよび世銀やアジア開発銀行（ADB）などの国際開発金融機関（MDBs）を通じた支援の拡大が宣言された。IMF関係では、①IMFの資金基盤を強化するために、各国からIMFへの二五〇〇億ドルの貸付、②IMFが主要国と結んでいる新規借入取極（NAB）の五〇〇〇億ドルの増額、③国際的な流動性を増加させるため二五〇〇億ドル相当の特別引出権（SDR）の新規配分、④より持続可能なIMFの資金基盤強化のために二〇一一年一月までに、IMFへの各国出資を見直すこと、⑤IMFの融資制度をより柔軟な制度に改革すること、などが合意された。

また、MDBsについては、①今後三年間で総額約三〇〇〇億ドルの貸出を行うこと、②

ADBの二〇〇%の一般増資（資本金を三倍に増額）、および米州開発銀行（IDB）、アフリカ開発銀行（AfDB）、欧州復興開発銀行（EBRD）における増資の検討を進めていくこと、が合意された。

さらに、各国とも貿易金融機関や二国間援助機関を通じて、前記のような途上国支援の取り組みをサポートしている。

ここで我が国は主導的な役割を果たした。まず、他国に先駆けて、二〇〇八年秋にIMFに対する一〇〇〇億ドルの支援を表明し、IMFの資金基盤強化への流れを作った。また、国際協力銀行（JBIC）を通じ、世界的な金融危機の影響を受けた途上国の銀行の資本を増強し、金融システムを安定させるため、IFC（国際金融公社：世銀グループの中で民間企業向け融資を行う機関）とともにファンドを立ち上げたほか、アジアを中心とする途上国（マレーシア、インドネシアなど）の金融機関に融資を行い、貿易金融の円滑化を支援した。さらに、国際協力銀行は、途上国が日本市場で国債（サムライ債）を発行する際の保証を行って（インドネシア、フィリピン、コロンビア、メキシコに実施）、各国政府が危機の中でも必要な財政資金を調達することを助けている。また、国際協力機構（JICA）からの円借款に、プログラム型の緊急財政支援円借款を導入し、インドネシア、フィリピン、ベトナムなどに供与している。プログラム借款とは、発電所、ダムなど特定のプロジェクトの支援（プロジェクト借款）ではなく、途上国のマクロ経済状況を改善することを目的とした財政支援である。プログラム借款は、プロジェクト借款と違い、ディスパース（支払）が早いので、金融危機の支援としてより有効である。

リーマン・ショック後のIMFの迅速な対応

二〇〇八年九月のリーマン・ショック後、世界的な金融・経済危機が欧州経済を混乱させると、それまで欧州連合（EU）諸国からの資本流入によって高成長を続けていたユーロ圏の周辺国に危機が飛び火した。そこで、二〇〇八年一一月から一二月にかけて、ウクライナ、ハンガリー、アイスランド、ラトビアなどの新興国に対して、IMFの支援が行われた。アジア通貨危機においては、外貨建ての短期債務が外貨準備に比して過大な国々が危機に陥ったが、今回の危機においてもまったく同じ構図であった。

むしろ、経常赤字の対GDP比では、今回の方がはるかに上回っていた。アジア通貨危機の教訓がまったく活かされていなかった。確かに、IMFはその危険性について、四条コンサルテーション（協議）の国別審査報告書や世界経済見通し（WEO）、地域経済見通し（REO）において、事前に警告は発していたが、こうしたアドバイスが関係国の当局から顧みられることはなかった。

一つには、西欧諸国から東欧諸国への資本流入は、親銀行から現地法人への直接投資という形態が多かったので、その分、安定的であると考えられたためである。その点、資本関係のない外銀からの借入が主体であったアジアとは違うという意識が当局にはあった。

IMFの対応をアジア通貨危機当時と比較してみると、より迅速に対応しているようにみえる。一つには、アジア通貨危機の際、ワシントンでは、当初、危機の重大さを過小評価していたのに対し、世界金融危機の最中に発生した今回の中・東欧危機に対しては、発生当初から深刻に受け止めた結果といえるであろう。また、IMFの決定はクォータ（出資割当額）に比例する投票権に基づいているが、欧州の比率がアジアの比率より高いことも迅速な対応を促したという面がある。

IMFプログラムの変化

IMFプログラムの中身をみると、財政緊縮策や金利引き上げによる通貨防衛というマクロ経済政策の枠組み自体は変わっていない。しかし、アジア通貨危機の教訓から、構造改革に対して付される融資条件である構造コンディショナリティー（融資条件）は、金融セクター、財政セクターなど、危機に直接関係するものに絞られている。さらに、財政政策において、社会的弱者への支出の維持・拡充が強調されている。つまり、セーフティーネットの提供による財政赤字の一時的な拡大を容認している。

また、当局の自主性を尊重している。たとえば、ラトビアのユーロペッグ維持は、ラトビア当局およびEUの強い意向を尊重したものである。さらに、プログラムの策定にあたり、当初から、EUや世界銀行などの関係者を巻き込んでおり、IMFが独断で進めたといった批判をかわすようにしている。そしてウクライナ、アイスランドにおいては、為替下落を抑制するため、従来のIMFの方針を転換し、資本取引規制を容認していることが、大きな特徴である。

IMFの融資制度改革

アジア通貨危機時のIMF支援の問題点としては、

①融資条件が過度に厳格で、当面の危機克服に関係が薄い構造コンディショナリティーが多数つけられ、プログラム作成の遅れの原因や実施の障害となったこと、

②融資限度額（アクセス・リミット）が、クォータ比で低水準に設定されており、アジア諸国のクォータが小さ過ぎる（対GDP〔国内総生産〕比）ことと相まって、支援資金が不十分であったこと、

の二点が挙げられる。

そのため、IMF資金利用に対する抵抗感が強く残った。また、危機を避けるために事前にIMFに支援要請を行うと、かえって金融市場を動揺させて危機の到来を早めてしまうリスクも心配された。こうしたスティグマ（烙印）といわれた問題を解決し、危機が起こった際にそれに対処する能力と、危機を予防する能力の双方を高める必要があった。

二〇〇九年四月のG20ロンドン・サミットでは次のような進展がみられた。

①構造コンディショナリティーの達成を、資金引出のための条件とはしないこと

②アクセス・リミットの倍増（年間クォータ比一〇〇%、累計同三〇〇%→それぞれ二〇〇%、六〇〇%）

③フレキシブル・クレジット・ライン（FCL）の創設

④低所得国向け融資制度の改革

コンディショナリティーの合理化については、二〇〇二年にガイドラインが改訂され、支援対象国自身のオーナーシップ（支援対象国が政策の選択、企画、実行において主たる責任を負うこと）を重視し、プログラムの目標達成に必要なコンディショナリティーに限定することになっていた。

FCLは、経済のファンダメンタルズや政策フレームワークが強固で、優れた経済運営の

実績を維持しており、将来にわたり同様の政策を維持することにコミットしている加盟国を対象としている。あらかじめ与信枠を設定するので、引出の際、審査を受ける必要はない。国際金融情勢の悪化によって、危機的状況に陥った場合には、これによって大規模な資金支援を速やかに受けることができる。これは、危機対応能力を改善するだけでなく、それが保険としての機能を果たすことにより、危機を予防する効果も期待できる。

さらに、二〇一〇年八月には、FCLを利用するほど経済状況が良好ではないが、FCL適格に準じる健全な政策運営を行っている加盟国に対して、予防的クレジット・ライン（PCL）が創設された。さらに、二〇一一年一一月、IMFは、PCLについて、予防的な場合だけでなく、直ちに資金を必要としている場合にも利用可能とするといった点を改善し、PLL（Precautionary and Liquidity Line）に名称を変更した。

低所得国向け融資制度の改革については、①利用限度額の倍増、②譲許性（市場金利よりどの程度低い金利となっているか）の拡大、③従来の中長期的な国際収支問題への支援制度に加え、短期的な問題を支援する制度の創設が行われた。金融危機を受けた低所得国の支援資金ニーズの増加を受け、IMFは各国に対し、資金支援を要請した。我が国は、IMFの低所得国向け融資の原資に対する貢献を行うため、二〇一〇年九月にIMFとの間で債権購入取極（IMFから要請があれば累計一八億SDRまで）を締結した。

ブラジルの対応力

ラテンアメリカでは、まず、米国との経済関係が緊密なメキシコが、米国景気の悪化の影響を強く受けた。また、ブラジルでは、世界的な金融不安を受けて、自動車ローンがストップしたほか、景気の落ち込みを先取りする形で、自動車産業で予防的な生産抑制が行われたため、景気が急速に落ち込んだ。しかし、その後、政府の積極的な財政金融政策によって、景気が早期に持ち直した。不景気の際に財政刺激策をとることができたのは、ブラジルにとって画期的なことであった。これまでは、いつも、財政赤字の拡大→国際収支危機→財政引き締めという対応を余儀なくされていた。

この背景には、マクロ経済政策運営の改善もあるが、二〇〇〇年代に入って、一次産品価格のトレンドが上昇に転換した影響が大きい。ブラジルでは、鉄鉱石をはじめとする鉱物資源が豊富である。また、バイオ・エタノールの生産などにみられるように、大規模経営のアグリ・ビジネスも盛んである。こうした資源大国・食料生産大国としての顔を持つブラジルの強みが、発揮されたのである。ブラジルでは、今後、沖合で有望な油田開発が期待されており、石油においても有力な輸出国になる見込みである。

ブラジルは一次産品価格の上昇によって恩恵を受けているが、一方、通貨レアルが上昇しており、オランダ病が懸念されている。オランダ病とは、資源の輸出収入が国内に流入することによって、通貨が高くなり、製造業などの輸出産業が競争力を失ってしまう症状である。一九六〇年代にオランダ沖の北海で天然ガス田が発見されたことから、一九七〇年代にオランダの通貨ギルダーが上昇し、オランダでは製品輸出が競争力を失って、失業が増大した。

ブラジルと中国の貿易関係

ブラジルの最大の貿易相手は今や中国である。中国からの旺盛な一次産品の需要が、ブラジルの主要輸出品である一次産品の需要と価格上昇をもたらした。同時に、ブラジルの通貨レアルがドルに対して大きく上昇したのに対し、人民元の対ドルの上昇が小幅であるため、中国から安価な工業製品が大量に流入している。ルラ前大統領は、中国からの安価な消費財の輸入を歓迎していた。ルラ政権は左派政権であり貧困層を支持基盤としている。中国からの安価な消費財の流入は、貧困層の実質所得を高める効果があるためである。

しかし、ルラ大統領を継承したルセフ大統領のもとでは、中国との貿易関係を見直す動きが始まっている。中国に原料を輸出し、中国から製品を輸入するという植民地と宗主国との間のような関係に批判が出ているのである。ブラジルは一人当たり国民所得が一万ドル程度であり、工業化が進んでいる。国産のジェット機も輸出している。それにもかかわらず、中国への製品輸出が伸びないことに不満が高まっている。根本的な原因の一つは、レアル高人民元安にある。

そこで、ルセフ大統領が二〇一一年四月に訪中した際に、中国への製品輸出が重要議題になった。中国から若干のジェット機（エンブラエル社製）購入の成果を得たものの、貿易摩擦は高まっている。最近、中国車の輸入が急増しているが、これを念頭に、自動車の関税を引き上げる動きが進んでいる。ブラジルは人民元安に対する批判を強めており、一二月半ばのWTO（世界貿易機関）非公式閣僚会議で為替操作問題を討議しようとした。これは中国の猛反発で会議の議題から外れたが、ブラジルと中国との貿易摩擦は日増しに深まっている。

新興国からの資本流出とブラジル経済の今後

二〇一一年八月に、アメリカの国債の格付けが、スタンダード・アンド・プアーズ（S&P）によって最上級のAAAからAA+に一段階引き下げられると、世界の金融市場に衝撃が走った。折から、ギリシャの政府債務危機（ソブリン・クライシス）に対するユーロ圏の対応が遅れ、ユーロ不安も高まった。このため、世界的にリスク回避の動きが強まった。ブラジルを含む新興国の株式や国債はリスク資産であるので、これを受けて売られることになった。

ブラジルの国債は高利回りであったので、日本からも大量の資金が流入していた。この高い利子を原資にして毎月配当をする投資信託（ソブリン・ファンド）が年金生活者向けの人気商品となっていた。しかし、世界経済が変調をみせる中で、ブラジル国債の価格が下がり、さらに、資本の流出によって、ブラジルの通貨レアルが減価することによって、ダブルで損失を被ることになった。

世界経済の減速によって物価上昇圧力が低下すると考えたブラジル中央銀行は、八月末に政策金利を九月から引き下げることを決定した。その判断の背景には、金融引き締めを続けている中国で経済の減速傾向がみられることから、一次産品価格が将来低下し、ブラジル経済の減速要因になるのではないかという思惑も働いていた。

ブラジル中銀の政策金利の引き下げはサプライズであった。ブラジルは、インフレ・ターゲット政策をとっているが、物価上昇率は、ターゲットの上限を上回って推移していたからである。インフレ・ターゲット政策は、中期的に物価上昇率を目標値に収めるという政策であり、フォーワード・ルッキングな（先を読む）政策運営である。この場合、将来、ユーロ圏と米国の経済が減速することを予想して、それが物価上昇率を引き下げると見込んでいるのである。確かに、ギリシャの債務危機がユーロ圏全体の金融危機に拡大すると、欧州系の銀行の信用収縮がブラジル経済に悪影響を与える恐れがある。また、米国経済の二番底入りや中国経済の急減速などが起これば、ブラジルからの資本の流出が加速することも懸念される。

しかし、こうした最悪のケースにおいてもブラジルが国際収支危機に陥る恐れは低い。現在、三五〇〇億ドルに上る外貨準備がバッファーになる（対外ショックを吸収する）と考えられるからである。その際には、財政政策の自動安定化装置をフルに活用することに加え、インフラ投資や消費を下支えするための裁量的な財政政策を発動する余地がある。むしろ、世界経済が想定通りに減速しない場合に、物価上昇圧力がコントロールできなくなることが懸念される。その場合には、財政をさらに引き締めて、市場金利の低下を促す必要がある。

ブラジル中銀は、一〇月、一一月と続けて、政策金利をさらに引き下げた。夏までのブラジルの通貨レアルの過大評価を当局は強く懸念していたので、現状程度のレアル安は、製造業の競争力回復にプラスと評価されているとみられる。一方、通貨高に対する警戒が弱まり、資本流入規制を緩和する動きがみられる。また、二〇一一年七〜九月期のGDPは前期比年率〇・二％減と二年半ぶりのマイナス成長となった。これは消費の減速が主因であり、これに対し、政府・中銀は、消費者信用の維持や減税による消費刺激策を相次いでとった。

ブラジルは、BRICSの中でも所得水準の高い中所得国である。鉱物資源や食料生産能力に恵まれている。ただ、ブラジルでは、税負担がOECD（経済協力開発機構）の先進諸国並みに高い。公務員や公的企業が肥大化しており、高コスト体質となっている。財政収支や対外収支にみられるマクロ経済体質の改善を今後も続けることが、持続的成長の鍵である。

インド経済の特徴

インドは世界最大の人口を有する民主主義国家であり、人口構成が若く、今後もその増加が見込まれることから、中国の次の有望市場として注目を集めている。インドの一人当たり国民所得は約一〇〇〇ドルであり、中国の四〇〇〇ドルと比べてもまだ低い。また、その経済発展モデルも中国とは大きく異なっている。

インドは一九四七年に英国から独立した後、政治体制は民主主義をとったものの、経済は計画経済の色彩が強い特殊な混合経済体制をとった。ソ連をモデルに国営企業による重工業化を目指し、民間企業の活動に制約を課した上、外資系企業に対してもブランド展開を制限した。輸入代替工業化路線を採用したが、貿易や直接投資（ＦＤＩ）を制限したため、技術進歩や生産性の上昇で遅れをとった。そのため、首都ニューデリーなどインドに駐在する外国人にとっては、日常生活の面で不便なことが多かった。一九九〇年代に経済の自由化が開始される前には、おむつや洗剤といった日用品についても、世界的なブランドが入手できず、インド製の粗悪な代用品を使わざるをえなかったからである。

こうした状況に変化が訪れたのは、自由化を開始した一九九一年である。この年、国際収支危機に陥ったインドは、ＩＭＦの支援プログラムを受け入れて、為替を大幅に切り下げた上、経済の自由化に着手した。この自由化を進めたのが、当時、大蔵大臣であったマンモーハン・シン首相である。経常取引の自由化を進め、一九九四年には、IMF八条国となった。経済の自由化によって、成長してきた点では、中国と共通しているが、国家の果たす役割は大きく異なっている。中国では強力にインフラ建設を進め、経済特区など外資を誘致する産業政策によって、国家主導の経済建設を進めてきた。為替レートを低めに保ち、製造業中心の経済発展を遂げている。これに対し、インドの近年の経済発展は、サービス業を中心とした民間主導の自発的なものである。シリコン・バレーで成功したインド人が故郷のインドで起こしたIT関連企業などに象徴される。国家が一丸となって同じ方向に向かっていく中国ほどの馬力はないが、民間主導でビジネスや投資が決定されているインドでは、大きく間違えるリスクも小さい。最近の中国の鉄道事故は中国の国家主導、投資主導の経済成長モデルの危うさを浮き彫りにしている。

そうはいっても、インフラ整備の遅れはインドの弱点である。二〇一〇年にニューデリーで開催されたスポーツの祭典、英連邦競技大会でも、交通網の整備の遅れなど、混乱がみられた。二〇〇八年に北京オリンピックを成功させた中国との差が際立つ。また、経済の中心地ムンバイ（ボンベイ）は、インド洋に突き出た細長い半島に広がる大都市だが、市内を走っているタクシーがソ連時代に生産された旧式のラーダ（ソ連時代の悪い車の代名詞的な小型車セダン）なのには驚かされる。英領植民地時代の建築物と合わせ、旅情をかきたてるが、ビジネスマンの移動には不便である。

インドに投資を考えている企業の担当者が、実際にインドを訪れた際に、インフラ整備の遅れを目の当たりにして、投資を思いとどまるケースはよくある。また、インドでは、ビジネスを始めるにあたっては、様々な許認可の取得に骨が折れる。直接投資にあたって外資が直面するのは、汚職の頻発、複雑な官僚制、あいまいな規制といった問題である。たとえば、韓国の大手製鉄会社ポスコは一二〇億ドルの巨大プロジェクトを計画しているが、オリッサ州から建設許可をとるのに実に六年半かかった。ようやく二〇一一年七月に許可が下りたが、まだ、用地取得のめどは立っていない。製鉄所が建設されれば、かなりの雇用と税収が生まれるはずだが、地元住民の反対のために計画が前に進まないのである。民主主義のコストといえるであろう。インドは地方によって民族と言語が多種多様であり、投資環境も州によってかなり異なる。そのため、州政府のリーダーシップによって外資の進出が奨励されている州に投資が集中している。

シン政権では、対外開放政策の目玉として、小売業の外資規制の緩和を掲げていた。しかし、二〇一一年一一月末に、外資系企業による総合小売業への出資を五一％まで認める閣議決定をしたところ、与野党から反対が噴出し、閣議決定の実施を保留せざるをえなくなった。

安い中国製品を扱うウォルマートなどの大型スーパーが進出すると、零細な商店主などが大量に廃業に追い込まれるという危機感が強かったためである。これによって、対外開放政策による成長路線の後退と政権の弱体化が懸念される。

インドでは今後、投資環境を整備し、雇用吸収力のある労働集約的な製造業を立ち上げる必要がある。特に、直接投資の規制緩和と土地収用制度の確立の優先度が高い。また、国際競争力のある製造業の育成のためには労働市場の改革も重要である。我が国は、デリー・ムンバイ間の貨物輸送能力の増強と沿線の開発を目的とした経済協力を進めており、これによって、インドのインフラ整備と工業化が後押しされることが期待される。一二月二八日、ニューデリーで日印首脳会談が開催され、共同声明が発表された。声明では、デリー・ムンバイ間のインフラ整備のため、日印共同で九〇億ドルの基金を設置することが表明された。また、日印通貨スワップを三〇億ドルから一五〇億ドルに拡充することが決定された。

インドの資本規制とマクロ政策

インドが世界金融危機による悪影響をあまり受けずに済んだ理由としては、まず、輸出の対GDP比が二〇%程度と低いことが挙げられる。また、金融や資本規制の自由化も慎重に進めてきたため、世界的な金融市場の混乱の影響も軽微であった。直接投資については最も自由化が進んでいるが、証券投資については各種の規制が残されており、対外商業借入については さらに細かく規制されている。

また、景気対策として三次にわたる物品税の引き下げや公務員給与の大幅引き上げ、農家向けの政府系金融機関からの借金棒引きといった措置がとられた。さらに、二〇〇九年の総選挙では、有権者の大多数を占める貧困層からの得票を狙って、実に一兆ルピーに上る予算のばらまきが行われた。選挙の際の大判振る舞いはインドの年中行事になっているが、今回は、周波数オークションによる二二〇億ドルの臨時の財政収入があったため、財政面で余裕があった（二〇〇八年当時オークションを担当した大臣が汚職疑惑で公判中。会計検査院では国庫に三九〇億ドルの損害を与えたとしている）。また、二〇〇九年度の経常赤字は三八四億ドルに拡大したものの、直接投資流入額が三三一億ドルと堅調であった上、証券投資も三二四億ドルの純流入額を記録したため、外貨準備高が二六一一億ドル（対前年比一八七億ドル増）、輸入の一〇・四か月分となったことから、対外収支の面でも余裕があった。

インド経済の問題は、経済の過熱とインフレである。中銀であるインド準備銀行が重視している卸売物価上昇率は二ケタ近い水準で高止まりしており、貧困層に影響の大きい食料インフレは一五％に達している。マクロ的には、財政収支も経常収支も赤字であるから、財政引き締めによって、両者を改善させる必要がある。しかし、財政の引き締めは一向に進まないため、金融の引き締めで対応するしかない状況である。そのため、二〇一一年一〇月二五日、政策金利を〇・二五％ポイント引き上げて八・五％とした。しかし、一二月以降、物価上昇率は低下に向かうという予測を示し、次回一二月の政策見直しにおいては金利を据え置く可能性が高いとした。二〇一一年七〜九月期のＧＤＰは二年ぶりの低い伸び率となり、景気の減速傾向が強まっているが、卸売物価上昇率は九％台後半で高止まりしたままである。

ＩＭＦでは、引き続き個人消費に牽引されて、二〇一一年七・八％、二〇一二年七・五％と高い成長が続くと予想している。しかし、金融引き締めにもかかわらず、実質金利は金融危機以前の水準をかなり下回っており、貸出増加率も依然高水準であることから、インフレ抑制が最大の政策課題であるとして注意を促している。

韓国の資本規制

韓国は、一九九七年から九八年にかけて、アジア通貨危機が起こった際、タイ、インドネシアとともに、通貨危機の震源地となった。三か国に共通していたのは、短期の対外債務に比べて外貨準備高が少なく、内外の経済ショックによって、大幅な資本の流出が起こった際に、それに耐えるだけの備えがなかったことである。そのため、国際収支危機に陥り、通貨が暴落した。

通貨価値の下落によって、韓国国民の生活水準は大きく切り下げられ、それと引き換えに国際競争力を回復した。国全体で一からやり直すことになったのである。ただし、その際、失業率の増大やそれに伴う貧困の問題が起こり、経済がV字回復を遂げた後も、それが長く尾を引き社会問題となった。

韓国はIMFによる国際的な支援のもとで、金融システムの抜本的な改革を行い、外資系の銀行を多く受け入れることになった。外国から資本を受け入れることによって、金融部門の資本と経営の基盤は強化され、景気回復の条件が整った。

韓国では、アジア通貨危機以降、投資が落ち込みマクロ的に貯蓄超過になった。それにより経常収支が黒字化し、外貨準備が増大し、対外債務が減少した。しかし、二〇〇八年秋のリーマン・ショックの際には、再び、資本の流出と通貨の急激な下落に見舞われ、通貨危機の一歩手前の状態になった。銀行部門の対外債務が再び、増加していたためである。

その要因としては主に二つある。第一に、造船業等、業績が好調な輸出企業が、将来ドルで受け取る輸出代金の為替リスクをヘッジ（損失回避）するために、先物でドルを売ったことに起因する。輸出企業のドル先物売りに応じる取引銀行は、ドル先物買いをすることになるので、ドルを保有する（ドル・ロング・ポジションの）リスクを負う。銀行の方では、この為替リスクをヘッジするために、ドルを借入で調達した。これにより、資産側のドルと負債側のドルが相互に釣り合って、為替リスクが解消されるからである。たとえば、一年後に一〇〇万ドルを一ドル一〇〇〇ウォンで購入する先物契約を結んだ場合、一年後にドルがこのレートより安くなると為替差損を被る。この時、一年後に一〇〇万ドル返済するという借入契約を別途、結んでおけば、一年後に輸出企業から一〇〇万ドルを受け取った際に、それを返済に充てることができる。銀行は借入で調達したドルを現在のレートでウォンに替えておけば、将来、ドル安になっても心配ない。

第二に、外資系銀行の支店等が、内外金利差を利用し韓国国内でウォンの運用を行うため、外貨の借入を急増させたことである。低金利の外貨をウォンに転換して、高金利のウォンで運用し、利ザヤを稼ぐというキャリー・トレードである。外貨売りウォン買いによってウォンが高くなると、二重に儲かるというトレードである。円キャリー・トレード華やかなりし頃、ドル買いのＦＸ（外国為替証拠金）取引を行うと、金利差に加え、ドル高円安でさらに儲かったのと同じ原理である。

しかし、その後、サブプライム危機を受けて、円キャリー・トレードが巻き戻されると、急激にドル安に逆回転したように、非常に危険な取引である。持続不可能な値動きに賭ける取引だからである。本来、金利の高い通貨は減価するものである。金利は高いが将来、減価することによって、つり合いがとれるのである。そうでなければ、誰もが、金利の高い通貨を買うので、ますます、その通貨が高くなって、均衡レートから離れていくことになる。バブルの発生である。

こうして、銀行部門による対外借入の急増を主因とする資本流入とウォンの増価に直面した韓国政府は、二〇一〇年六月以降、対外債務の抑制のため、各種の資本規制を発表した。

ウォン安と我が国への影響

ウォンの対ドルレートは、アジア通貨危機の前、一九九六年には、一ドル八〇〇ウォンだったが、一九九七年にかけて緩やかに九〇〇ウォン台まで減価した後、一九九七年一二月には、一気に一六九五ウォンまで価値を半減させた。その後、通貨危機の終息とともに二〇〇〇年にかけて、一一〇〇ウォン台まで増価した後、米国でのITバブル崩壊による世界景気の後退を受けて一三〇〇ウォン台まで減価した。

その後、二〇〇二年頃から、経常黒字や資本・為替取引の自由化推進に伴う外国人証券投資資金の流入拡大などを背景に、長期的にウォン高傾向が続き、二〇〇七年一〇月には、九〇〇ウォンにまで増価した。その間、通貨当局は大規模なウォン売りドル買い介入を実施した。

しかし、サブプライム危機によって、世界的に金融不安が高まると、ウォンは減価し始め、二〇〇八年九月には一二〇〇ウォン台に下落し、同月のリーマン・ショック後さらに下落し、一一月に一四六九ウォンの安値を付けたあと、ようやく二〇〇九年三月に二番底の一五九三ウォンで大底を打った。その後、ウォン高傾向となり、二〇一〇年五月には一一〇〇ウォン、二〇一一年八月初めには、一〇五〇ウォンまで強含んだが、この間、韓国当局は度々、ウォン売りドル買い介入を行った。その後、米国の景気後退懸念やユーロ不安を受けて、新興国通貨が売られると、ウォンも一二〇〇ウォンまで下落した。そこで、足元では通貨不安を抑えるため一転して、ドル売りウォン買い介入を行っている。

このように、ウォンは世界金融危機によってドルに対して急落した一方、円は逆に、ドルに対して急騰したので、大幅なウォン安円高になった。このため、日本の産業界から悲鳴が上がった。米国でも、欧州でも、中国などアジアの新興国でもサムスンが躍進し、対照的にソニーが苦戦するニュースが盛んに報じられた。それにもかかわらず、介入を繰り返す韓国に対して、日本で不満が高まった。特に、韓国が一一月にG20サミットを主催することになっていたのでなおさらであった。しかし、日本が韓国の介入にコメントすると、韓国から逆に、日本の介入に対する批判が返ってきた。二〇一〇年九月一五日、政府・日銀が六年半ぶりに、二兆一二四九億円の円売りドル買い介入を実施したことに対してである。

韓国のこの反応の背景には、日本に対する大幅な貿易赤字が存在する。過去一〇年間の日本の韓国に対する貿易黒字額の推移をみると、輸出入ともに過去最高を記録した二〇〇七年に三兆一七四五億円の過去最高の黒字を記録した後、二〇〇九年には輸出が二兆円近く、輸入も一兆二〇〇〇億円近く減少して、黒字幅が縮小したものの、二〇一〇年には、輸出が、五兆四六〇二億円と一兆円以上急拡大した一方、輸入は、二兆五〇四〇億円と五〇〇〇億円弱の上昇にとどまったことから、黒字額は二兆九五六二億円の多額に上っている。中間財、資本財の日本への依存から、韓国は慢性的な対日貿易赤字を計上しているのである。

こうした状況にあるため、日韓の間で、ウォン安や為替政策について冷静な議論をするのはなかなか難しい。では、貿易統計をみるかぎり、ウォン安は日本にとって何の問題もないのだろうか。決してそうではない。先のサムスンとソニーの例でいえば、両者にとって、二国間貿易の数字に表れる競争以上に、米国や欧州、中国といった第三国市場での競争が熾烈なのである。そこで、ウォン安のために、サムスンが絶対的な優位に立つのである。

そこで、ＩＭＦの場での議論やＩＭＦの分析を活用した政策協調が重要になる。第3章でみたように、二〇一〇年一〇月に韓国・慶州で開催されたG20会合にＩＭＦが提出した資料では、「韓国においては、為替レートは過大評価されておらず、巨額の資本流入に対する最適な第一の防衛線は、依然として、為替レートを自由に変動させることである」とある。つまり、介入をやめて為替レートの上昇を容認すれば、将来のレート上昇期待が解消されて、資本流入が止まるということである。

韓国では、対外借入に依存する経済構造になっているので、欧州情勢等グローバル経済が不安定化すると、資本流出によって金融市場が不安定となりウォンが下落する。輸出依存度も日本に比べて高いので、欧州向けの輸出減を嫌気して資本流出も起こりやすい。これに対し、世界最大の債権国である日本では、国際金融情勢が緊迫化して、世界的にリスク・オフ(リスク回避)になると、日本の民間資金が国内に還流して、円高になる傾向がある。

韓国の金融市場を安定させるため、日韓で一〇月一九日に通貨スワップの総額を七〇〇億ドルに拡充することが合意された。また、一〇月二六日、中韓も通貨スワップを五七〇億ドル相当(三六〇〇億元)に拡大することに合意した。

日中韓は、ASEAN(東南アジア諸国連合)一〇か国とともに結んだチェンマイ・イニシアティブを支える主要メンバーである。このイニシアティブは、通貨危機に備えた地域金融協力協定であるが、韓国は一六%の資金を負担しており、その安定は地域にとって重要である。同イニシアティブは、従来二国間の通貨スワップ協定のネットワークで構成されていたが、マルチ化により一本の契約となり、マルチでの発動プロセスが利用できるようになっている。また、その一〇〇%の利用は、IMFとの融資取極の締結が条件となっている。その意味で、この地域協力協定はIMFによるセーフティーネットを補完するものとなっている。さらに、二〇一一年春には、シンガポールにＡＭＲＯ（ASEAN＋3 Macroeconomic Research Office）を設立し、域内経済の政策監視を開始した。今後、これにより、域内の金融と為替の安定に向けた政策協調が進むことを期待したい。

II――開発援助政策の協調

Ｇ８サミットと民主化支援

二〇一一年五月二六日、二七日、フランスのドーヴィルで開催されたＧ８（主要八か国）サミットでは、中東・北アフリカ（Middle East and North Africa：ＭＥＮＡ）諸国で進む民主化運動の支援が大きな議題となった。二〇一〇年末にチュニジアで起こった民主化運動は、エジプトや中東諸国に広がっている。そこで、Ｇ８サミットでは、チュニジアなど民主化を進める国に対して、ＩＭＦ、世界銀行が融資によって経済支援を与えるという方針が示された。また、ソ連崩壊後、東欧諸国の市場経済化を支援するために設立されたＥＢＲＤをＭＥＮＡ諸国の支援に活用する方針にも合意した。これは、自由と民主主義の普遍的価値を標榜するＧ８の政治的なメッセージである。

これに対して、中国やインドなどは、冷ややかな見方をしている。「Ｇ８の先進国は、今や、巨額の財政赤字を抱える倶楽部であり、他国のことを心配するよりも自分達のことを心配した方がよい」というのである。確かに、先進国の財政悪化は、先進国の問題解決能力を低下させ、世界経済における新興国の発言力を高める方向に作用している。

MENA地域における政治的・経済的な変革を支援するため、五月に立ち上げられた「ドーヴィル・パートナーシップ」の経済的側面を議論するため、九月一〇日、同じくフランスのマルセイユで、財務大臣会合が開催された。そこでは、国際開発金融機関および地域開発基金が、さらに協調し、パートナーシップ国が二〇一一〜一三年の間に利用可能な資金総額を三八〇億ドルまで提供することなどが合意された。

アフリカの変化

前項でみたように、地中海に面するエジプト、リビア、チュニジア、アルジェリア、モロッコの北アフリカ諸国は、通常、アラビア語やイスラム教といった文化・宗教面や人種などの点で共通する面の多い中東諸国と合わせて、MENA諸国に分類されることが多い。これらは中所得国である。

これに対して、サハラ(砂漠)以南アフリカには、二〇一一年七月にスーダンから分離独立した南スーダンを含めて四九の独立国が存在する。この地域には、後発開発途上国(Least

Developed Countries：LDC）が集中しており、絶対的な貧困が大きな問題となっている。一人一日一・二五ドル以下で暮らす極貧層が過半数を超える国は、アフリカ諸国のほぼ半数に上っている。旱魃《かんばつ》による飢饉や内戦による難民の映像がしばしば報じられるのもこの地域である。そのため、これまで多額の政府開発援助（ODA）がこの地域に注ぎ込まれてきた。援助の世界では、アフリカといえば、通常、サハラ以南アフリカのことを指す。

ポール・コリアー（オックスフォード大学アフリカ経済研究所所長、実証研究に基づいた開発経済学の権威）が、『最底辺の10億人――最も貧しい国々のために本当になすべきことは何か？』で取り上げたのは、内乱国等で絶望的な状況にある最底辺の一〇億人である。国際社会は、そうした成長から置き去りにされた人々の貧困問題に注目しなくてはならないというのが、近年の開発援助の潮流となっている。

サハラ以南アフリカの一九八〇年代、一九九〇年代における成長パフォーマンスは惨澹《さんたん》たるものだった。平均して、経済成長率が人口成長率に満たなかったため、一人当たり国民所得が低下したのである。アフリカに対して、大規模な援助が行われてきたにもかかわらず、アフリカ諸国が世界経済の成長から取り残され、極貧層の生活が改善しなかったため、援助の有効性に対する疑問を生み、先進国での援助疲れの一因となった。

ところが、二〇〇〇年代に入って、アフリカは突如、力強い成長を開始した。平均五％を若干上回る成長率を記録したのである。これは、約二％の人口成長率を上回る率であるので、貧困層の生活も全般的には徐々に改善している。成長の背景としては、①天然資源の豊かなアフリカに対して直接投資が増大したこと、②主要先進国のリーダーシップによる債務削減によって債務返済負担が減少したこと、③世界銀行やＩＭＦの技術支援もあり、各国の政策が改善したこと、④中国、インド、ブラジルなどの新興国が、資源と市場を求めて経済協力を強化したこと、などさまざまな要因が働いている。

特に最後の要因は世界経済の変化を反映するものであり、我が国の今後の経済協力のあり方にも影響を与えるものである。ここで重要となるポイントは、援助と貿易と投資の有機的な連携である。また、中国が資源を確保するために、国家の総力を挙げて経済進出を図っている実態を分析して、我が国の官民連携のあり方の参考にしたい。

そこで以下では、まず、「開発援助と政策協調」について基本的な話をした後、アフリカ問題の解決のために、国際社会がどのように取り組んできたのかをみる。その上で、中国の経済進出が引き起こした波紋について述べ、それにどう対処していくべきかについて考察したい。

開発援助と政策協調

図4-1　開発政策：途上国への開発援助

- 世界には市場から隔絶されている低開発国や、資金等の制約により成長のポテンシャルが十分に活かされていない途上国が多い。
- それらの国に対し、必要な資金や知識等の支援を提供するために、JBICやJICAのような二国間（バイ）の機関や世界銀行のような多国間（マルチ）の機関が設置され、多様な専門家が大勢働いている。
  - ・農業、教育、エネルギー、インフラ、水、保健・衛生など、対象分野は広範。
  - ・近年では、国家や国際機関のみならず、ゲイツ財団等の巨額な資金を持つ民間ドナーや市民社会団体（CSO）も開発の担い手として重要性を増してきている。
  - ・新興諸国も目覚しい経済成長を遂げており、国内に様々な課題を抱えながらも、国際的な開発支援にも積極的に関与。

開発援助政策とは、開発途上国における貧困削減や環境問題への対処を支援する国際的な取り組みに関連する政策の総称である（図4―1参照）。開発援助政策の中核はODAであるが、開発途上国への資金の流れとしては、これ以外に、その他政府資金（Other Official Flows：OOF）や、直接投資などの民間資金も大きい（図4―2参照）。

途上国が経済発展するにつれて、輸出信用や直接投資などの民間資金の比重が増してくる。また、経済のグローバル化によって、この動きは加速されている。そのため開発のためにも、援助だけでなく、貿易や投資を含めた総合的な経済関係を深めることが重要だと考えられるようになってきている。

ODAはさらに二国間援助と多国間援助に分けられる（図4―3参照）。後者は、世界銀行やアジア開発銀行（ADB）などの国際開発金融機関（MDBs）や

図4-2　日本から途上国への資金の流れ(2009)

●約3分の2が民間資金●

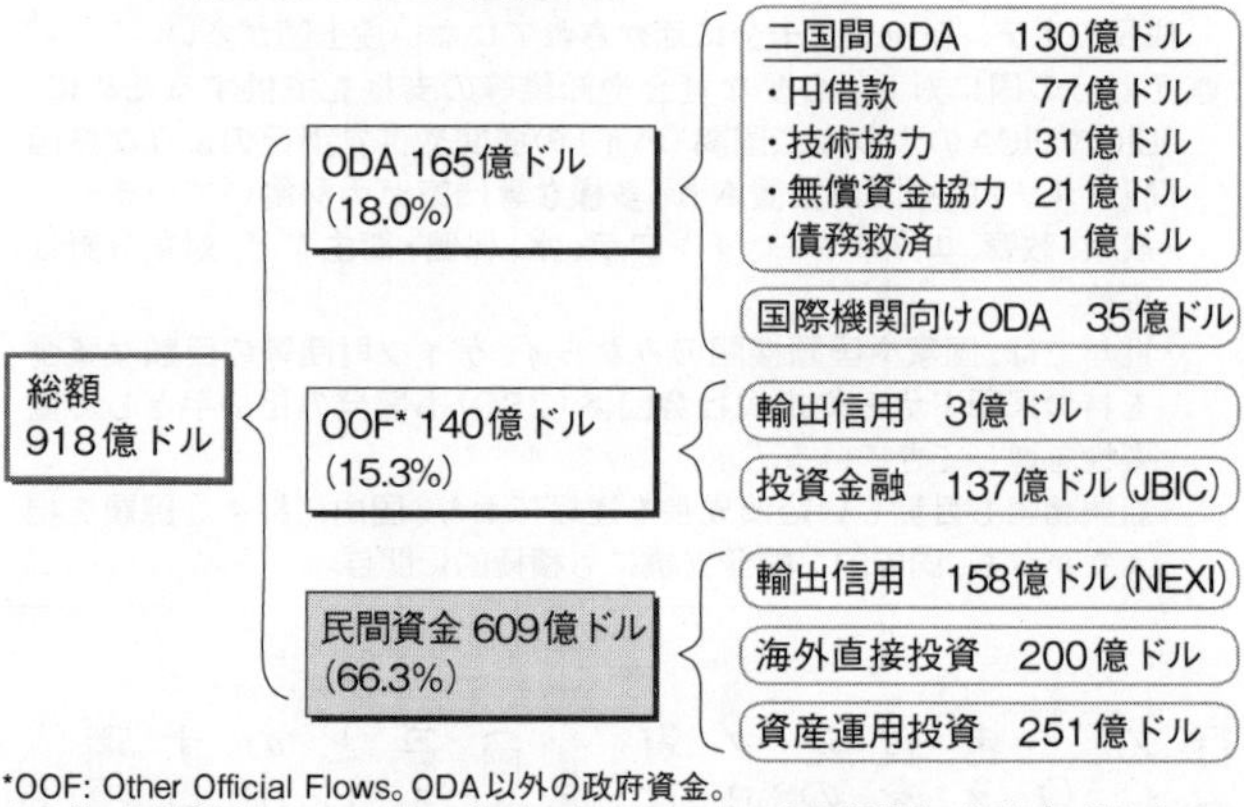

*OOF: Other Official Flows。ODA以外の政府資金。
この他、非営利団体による贈与5億ドルを計上。四捨五入の関係上、合計が一致しない。

国連開発計画（ＵＮＤＰ）などへの出資や拠出などである。インドやベトナム向けなどの二国間援助が、日本と援助先国の経済関係を深めるために重要な役割を果たすのはもちろんであるが、多国間援助も我が国と開発途上国との経済関係を深める上で、重要な役割を果たしている（図４—４参照）。世界銀行などのＭＤＢｓは資金面だけでなく、援助潮流や開発戦略の決定においても大きな影響力を持っている。これらの国際機関においては、出資額に比例して発言権を行使することができる。

　したがって、我が国の援助戦略を、世界銀行やＡＤＢ等のＭＤＢｓの活動に反映させることが重要である。これは、我が国が重視するアジア地域への援助の強化であったり、イ

図4-3　我が国ODAの全体像(2010)

●我が国ODAの約半分が円借款●

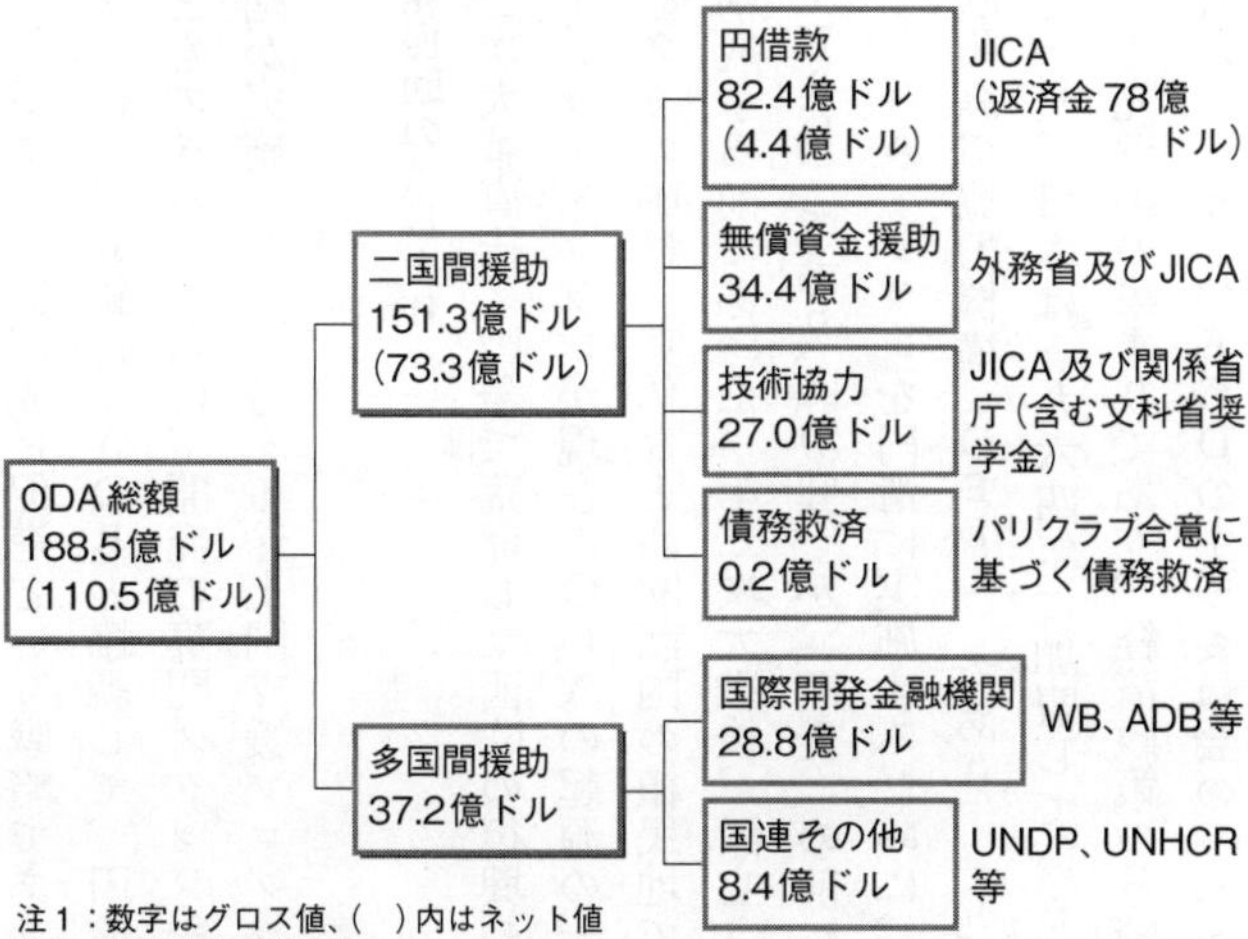

注1：数字はグロス値、(　)内はネット値
注2：数字は全て暫定値
注3：二国間援助には「行政経費・開発啓発費」7.4億ドルを含む

図4-4　多国間(マルチ)援助の意義

◎多国間(マルチ)援助、特に国際開発金融機関を通じた支援は、
- 加盟国からの資金を元手に、市場から多額の資金を効率的に動員することが可能
- 開発に関する知識・人材・経験が豊富
- 日本での援助機関との協調融資等を通じ、我が国の援助の質・量両面での補完が可能

との強みを有することから、我が国として支持・協働。

【日本と国際開発金融機関との協働の例】
2010年名古屋で開催されたCOP10(生物多様性条約第10回締約国会議)では、世銀と日本が共同で、生物多様性の経済的価値評価にかかるイニシアティブを立ち上げ。

ンフラ整備による経済成長促進という戦略であったりする。また、ベトナム向けの開発プロジェクトに、世界銀行やADBと協調して、円借款を供与することによって援助効果を高めることもできる。さらに、開発の専門スタッフを多数擁している世銀グループの力を借りて、我が国が実施したいと考える途上国支援プログラムを企画・実施することもできる。

開発援助のはじまり

第二次大戦直後、戦争で荒廃した西欧の復興のために、米国が実施した大規模な援助であるマーシャル・プランが現在のODAの起源の一つとなった。当時は、まだ、アジア・アフリカの多くの国は、英仏など西欧諸国の植民地であり、開発途上国が一大勢力として第三世界を構成する前であった。第二次大戦後、設立された世界銀行も正式名称は国際復興開発銀行(IBRD)であり、「復興」が「開発」の前に来ている。

マーシャル・プランを円滑に実施するために、欧州側の受け入れ機関として設立されたのが、欧州経済協力機構(OEEC)であり、一九六〇年代に米国、カナダを加えて、OECDとなった。日本は一九六四年に加盟している。OECDは自由と民主主義という価値を共有する先進国の集まりであり、経済政策の分野ごとに、加盟国政府代表で構成される委員会を設けている。OECDの主要委員会の一つが開発援助委員会(DAC)であり、ODA

に関する統計を整備し、開発援助政策に関して、援助国（ドナー）が協議したり、協調したりする場となっている。

ＯＤＡの定義もＤＡＣで定められている。次の三条件を満たすものがＯＤＡである。

①政府ないし政府の実施機関によって供与されるものであること

②開発途上国の経済開発および福祉の促進に寄与することを主たる目的として供与されること

③援助条件が緩和されたものであり、グラント・エレメントが二五％以上であること

（グラント・エレメントとは、将来の債務返済の割引現在価値が、元本と比べて、どの程度小さくなっているかを示す指数である。市場金利による貸出しの場合は、両者が等しいので、〇％であり、贈与の場合は、債務返済がゼロであるので、一〇〇％となる）

開発援助の潮流

一九六〇年は、アフリカの年と呼ばれ、多くのアフリカ諸国が欧州の宗主国から独立した。政治的独立を果たした諸国は、経済的自立を実現するため、開発援助を要求するようになった。これを受けて、世銀グループでも国際開発協会（ＩＤＡ）が設立され、譲許的な貸出を行うようになった。当時は、米ソ冷戦の時代であり、新たに独立した国々を自らの陣営に引

き込むため、両陣営が援助合戦を行った。

一九七〇年代には、七二年にローマクラブ（資源、人口、環境など全地球的な課題を扱うシンクタンク）から『成長の限界』が公表され、七三年にはオイルショックが起こった。そのため、開発援助の世界でも持続的成長や環境配慮が重視されるようになった。また、経済全体が成長しても所得分配が不平等化するようでは、貧困削減に結びつかないことから、教育・健康・安全な水・栄養・家屋などの充足が不可欠であるという、「人間の基本的なニーズ（Basic Human Needs：ＢＨＮ）」論が注目されるようになった。

一九八〇年代には、中南米等の債務問題や一次産品価格の低迷が起こった。開発援助理論においては、新古典派経済学に基づく市場重視の考え方が台頭した。アフリカにおいても、貿易自由化、民営化、規制緩和等の構造調整政策が推進された。しかし、市場の基盤が整備されていないアフリカにおいては、自由化だけでは成長を促進することはできなかった。

これに対する反省から、一九九〇年代においては、経済開発や社会開発の基盤となる制度の構築が重視されるようになった。マクロ経済の安定と制度・政策面の強化、貧困削減や人間開発の努力、それを通じた人的資本の強化は政府の責任であることが、従来にも増して認識されるようになった。

二〇〇〇年代に入ると、主要先進国で開発援助を増額する動きが顕著になった（図４―５

図4-5　主要国のODA実績（ネット）の推移

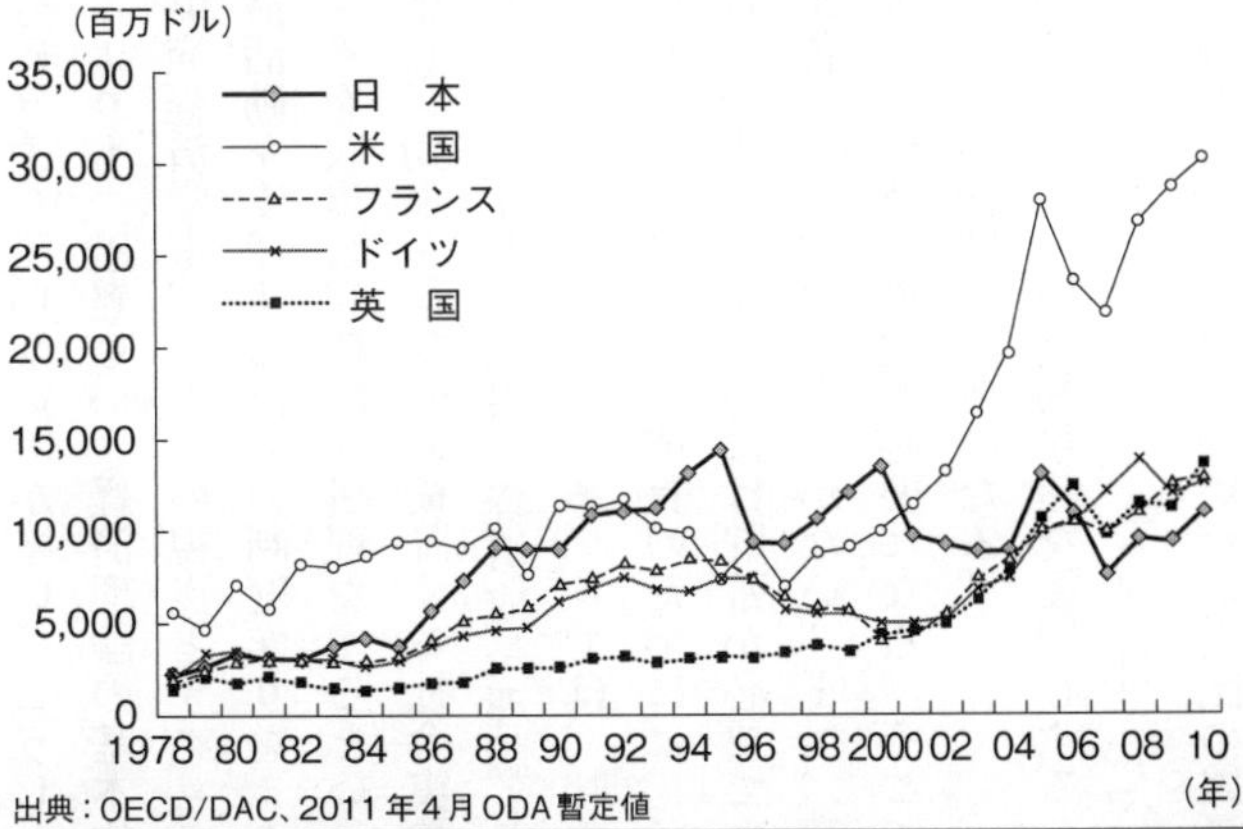

出典：OECD/DAC、2011年4月ODA暫定値

参照）。二〇〇一年九月一一日に米国で同時多発テロを引き起こした国際テロ組織のアルカイダはソマリアやアフガニスタンといった最貧国で勢力を伸ばしていた。テロをなくすためには、その根底にある経済格差と貧困の問題に対処しなければならない。また、援助の量的拡大とともに、援助効果を向上させるため、ガバナンスのよい（統治の健全な）国に選択的に援助するという動きも出てきた。

開発経済学

開発経済学は、開発問題を研究する経済学である。現代経済学は主として米国をモデルとして形作られているが、米国では市場経済が高度に発達しており、価格メカニズムがよく機能している。これに対して、開発途上国では市場が十分に発達していない国が多い。こうした国を分析するのは、市場経済の発達した国を分析するよりも一層難しい。経済理論の基本的な仮定が成立していないからである。

開発経済学も、ミクロの視点とマクロの視点の両方を持っている。前者は、貧困の削減や経済活動を支援するための制度作りをミクロの視点から分析するもので、現地調査を行ってデータを収集し、統計的処理をするといったアプローチがとられる。近年、政策を試験的に実施し、効果を科学的に検証する社会実験という革新的な手法により、政策効果の検証が進んでいる。また、後者は経済成長理論と関連している。代表的なモデルは、ツー・ギャップ・モデルである。このモデルでは、貯蓄不足と外貨不足の二つの制約をいかに克服するかが成長の鍵とされる。成長のためには、インフラや生産設備への投資が必要だが、そのための資金を生みだすためには貯蓄が必要である。しかし、低所得国では、ほとんどの国民は生活が苦しく貯蓄する余裕がない。また、産業を興すためには、海外から優れた技術や機械を購入するために外貨が必要になる。そこで、低所得国を経済成長の軌道に乗せるためには、海外からの援助が必要になる。

開発途上国の経済的離陸を後押しするために、援助の増額が必要であるという論客の一人がジェフリー・サックス（二〇年間ハーバード大学に所属し、現在はコロンビア大学教授）である。彼が二〇〇五年に書いた『貧困の終焉——2025年までに世界を変える』は多くの若者に影響を与えた。米国では、経済学の研究者を志す多くの学生が開発経済学を専攻している。

開発援助はなぜ必要か

我が国の開発途上国への援助額は、一九九〇年代には、世界第一位であった（図4―5参照）が、近年、我が国の世論調査では、「ODAは現状程度か縮小すべき」という意見が多数となっている。いわゆる援助疲れである。日本の援助額の国民総所得（GNI）比は、DAC加盟二三か国中、二〇位と低い（図4―6参照）にもかかわらずである。これは、日本経済の長期にわたる停滞によって、内向き志向が強くなったためだろう。厳しい財政事情の中で、ODA予算も削減されてきた。

しかし、今回、東日本大震災が起こると、世界各国から日本に対して支援の手が差し伸べられた。その中には、日本が長年開発援助を行ってきた最貧国も含まれている。日本の援助は、私たち日本人が意識する以上に評価されている面がある。英国の『フィナンシャル・タイムズ』紙もパキスタンやネパールなどの最貧国で日本を応援しようとする動きをとらえて、日本のこれら諸国への援助が評価されているからだと分析している。

日本は戦後、世界銀行から多額の融資を受けて、インフラを整備し、復興と高度成長を成し遂げた。そして、今、世界第二位の出資者として世界銀行を支える立場にある（図4－7参照）。

しかし、開発援助はどこでも成長につながるわけではない。開発援助を有効に使うためには、しっかりした政府が必要である。たとえば、長年にわたって、海外援助を受けているにもかかわらず、サハラ以南アフリカの低所得国では、一九九〇年代まで一向に貧困削減や経済発展が進まず、援助依存が恒常化していた。現在でも天然資源に恵まれない国などでは援助依存から脱却できていない国が多い。ウィリアム・イースタリー（元々、世界銀行で開発援助に携わってきたが、世銀の援助の問題点を強く批判して退職し、現在、ニューヨーク大学教授）の著作『傲慢な援助』では、先進国や国際機関による途上国援助の問題点を次のように指摘している。

「援助が貧困削減につながらないのは、援助側と被援助側が、国境で隔てられているため、国内の行政サービスと違って、有権者による厳しいチェックが働かないためである。開発援助においては、実際に援助を受ける人達の声が援助に反映されにくい。援助機関をチェックするのは援助国の納税者だが、彼らは自分のことではないので、資金の使い道をチェックするインセンティブが低い。現地でどのようなニーズがあるのかもわからない。そこで政治家は、納税者の支持を得るために、貧困の撲滅といった大目標を打ち上げるが、これは空虚な

図4-6　DACメンバー国のODA（ネット）／GNI比率（2010）

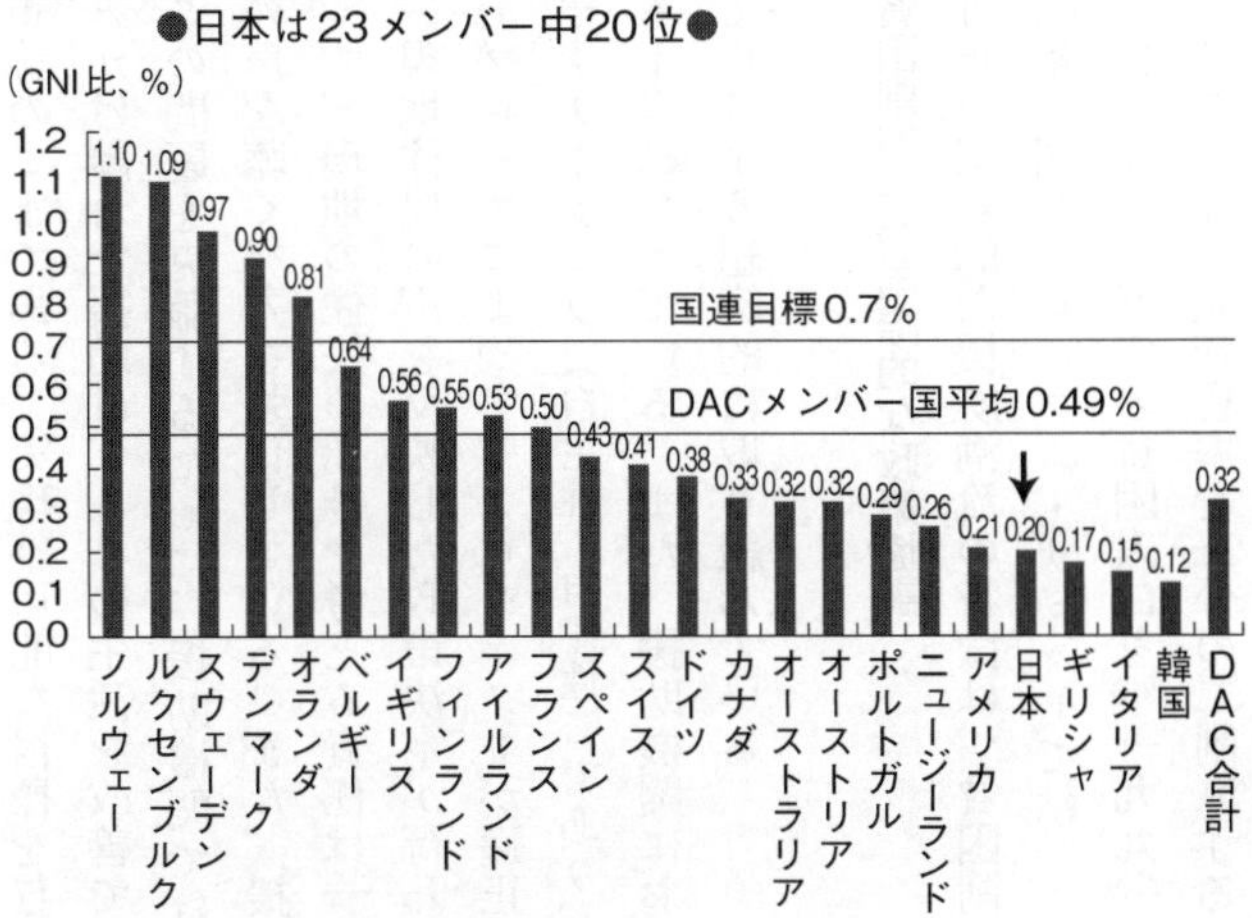

出典：OECD/DAC、2011年4月ODA暫定値

図4-7　世界銀行と日本の歩み

1951年	対日講和、米国の対日援助停止
1952年	IMFと同時に加盟（国連加盟の4年前）
1953～66年	31件、8億6,300万ドルの対日貸付 （電力・鉄鋼・自動車・造船・農業・ダム建設・高速道路・新幹線など）
1960年	IDAに加盟
1966年	最後の対日融資（東名高速） アジア開発銀行設立
1970年	世銀に円資金貸付、出資シェア5位に
1971年	日本の援助機関（OECF）と世銀の初の協調融資
1986～92年	資金還流計画
1990年	最後の借款を返済
1993年	「東アジアの奇跡」
1998年	日本の特別増資（発言権シェア8%を超える）

理想論のままである。実現不可能な目標を与えられた現場は混乱し、援助を受ける側のニーズとかけ離れた援助は、人々の生活を改善できない」

この問題を克服するために、援助機関では、現地のNGO(非政府組織)と連携して、住民の声を聴く努力を強化している。また、援助の実施主体はあくまで現地政府である。したがって、現地の住民の福祉を考える責任は一義的には現地政府にある。民主的な政府であれば、現地住民の声を反映した政策決定が行われるはずである。すなわち、被援助国の国内の政治プロセスによって、プロジェクトが適正に計画・実施される。これが、開発援助におけるオーナーシップ(自主性、自律性)であり、援助の有効性を高めるためにますます重視されるようになっている。また、援助機関においても、意思決定をできるだけ現場に近いところで行うよう組織的に取り組んでいる。

貧困削減への国際的な政策協調

近年の国際的な援助潮流の特徴は、貧困削減とアフリカ諸国への一層の注目である。二〇〇〇年の国連ミレニアム・サミットでは、ミレニアム開発目標(MDGs)が合意された。これは、二〇一五年の貧困人口を、一九九〇年と比べて半減させる、全児童に初等教育を普及させる、乳幼児死亡率を三分の二削減する、などの具体的な数値目標を織り込んだものと

図4-8　国際社会の貧困削減・開発への取組み

●ミレニアム開発目標●

- ミレニアム開発目標（MDGs）は、2000年の国連ミレニアム・サミットで設定された開発分野における国際社会共通の目標。
- MDGsは、極度の貧困と飢餓の撲滅など、2015年までに達成すべき8つの目標を掲げる。

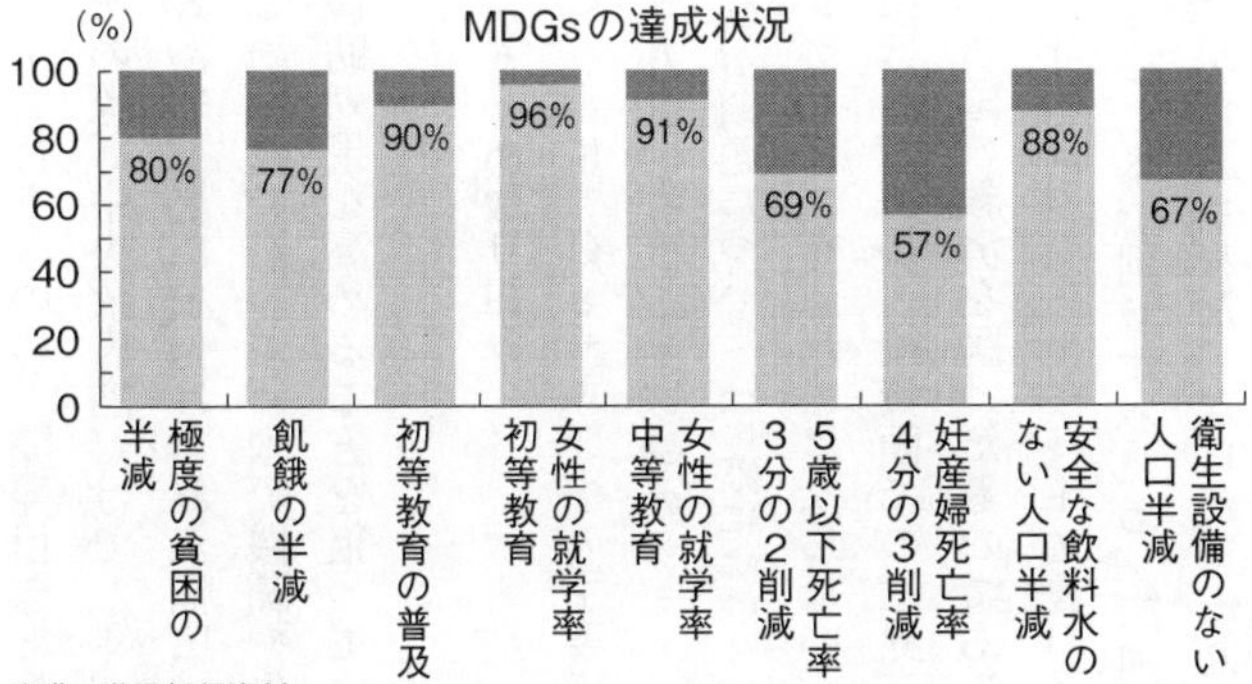

出典：世界銀行資料

なっており、貧困削減の進捗状況を測るものさしとなっている（図4―8参照）。

　また、貧困削減を進める手段として、一九九九年には世銀・IMF合同開発委員会で、貧困削減戦略ペーパー（PRSP）の枠組みが合意された。これは途上国自身がオーナーシップを持って、貧困削減に重点を置いた開発戦略を策定するものである。一九八〇年代の構造調整政策がアフリカ等で貧困削減に結びつかなかったのは、国際機関等の援助する側が、援助を受ける各国の事情に十分配慮せずに、一律の開発戦略を押しつけたからではないかという反省に立ったものである。国際機関が技術的なサポートを行うものの、開発目標と戦略の優先順位を決定するのはあくまで途上国政府である。その際、中央政府内だけでなく、地方政府、地域社会、NGOなど関係者とも広く協議し、政治的意思に裏付けられた幅広いコンセンサスを作り上げることを目指している。そして、この戦略に沿って、国際機関や先進国などのドナーが援助政策を協調させることによって、援助効果を高めることを狙っている。

アフリカ問題へのG8の取り組み

アフリカ問題は、常に、G8サミットの主要議題となってきたが、今日のアフリカの成長の要因として、一九九〇年代後半以降のサミット（当時、ロシアはまだ政治協議のみに参加していたことから、経済問題については正確にはG7サミット）における重債務貧困国（HIPC）の債務削減イニシアティブを忘れてはならない。これは、サハラ以南アフリカ諸国のように、所得水準が非常に低く、貿易・投資面での世界市場との統合も遅れており、多額の公的債務負担にあえいでいる国の救済を図ったものである。

まず、一九九六年のリヨン・サミットではHIPCの債務を持続可能なレベル（自力で債務返済が可能なレベル）まで削減するため、二国間だけでなくマルチの機関も含めたHIPCイニシアティブが合意された。さらに、一九九九年のケルン・サミットで削減率などが拡充された。債務削減を受ける国には、再び、持続不可能な債務（自力返済が困難な過剰債務）を抱えることのないよう構造改革やマクロ政策の改善を図ること、債務削減によって余裕ができた財源を開発に役立つ支出に回すことといった条件が付けられた。

さらに、二〇〇五年にスコットランドのグレンイーグルスで開催されたG8サミットでは、アフリカ問題が最も重要な議題となった。そこでは、まず、その準備会合としてロンドンで開催されたG8財務大臣会合で、IMF、IDA（国際開発協会）、AfDF（アフリカ開発基金）が有するHIPC諸国向け債権を一〇〇%削減（帳消しに）することになった（MDRI：マルチ債務救済イニシアティブ）。HIPCとMDRIによる債務救済の合計額は、IMFで三五三億ドル、IDAで三七三億ドルに上っている。また、二〇一〇年までにG8のアフリカ向けODAを年間二五〇億ドル増額し、二〇〇四年比で倍増させることにコミットした。これは、過去の債務を帳消しにするだけでなく、貧困削減のために新規の資金を供給するためである。

こうしたG7、G8のイニシアティブにより、アフリカ諸国の債務負担が軽減され、貧困削減や成長のために回せる資金が増加した。また、対外債務を返済する能力が回復したので、新たな海外資金の流入を促すことになった。こうして、二〇〇〇年代に入り、石油などの一次産品価格が上昇すると、資源開発をはじめとする直接投資等の資金が流入する環境が整備された。

先進国とMDBsという伝統的なドナーは、これまでみてきたように、人道的な見地から、貧困削減を目標に対アフリカ援助を増額してきた。その際、援助協調に努めてきた。援助協調とは、各ドナーがそれぞればらばらに援助を行ったのでは、被援助国の事務負担が過大となり、援助の企画や実施に支障が生じるという問題を避けるために、ドナー同士やドナー側と被援助国側が、援助の進め方について相談する仕組みである。これにより、援助プロジェクトが細切れになったり、重複したり、あるいは、盲点ができたりするのを防ぐ効果がある。具体的には、世銀やIMFの技術的な支援のもとに、被援助国自身が作成する貧困削減戦略ペーパーに沿って各ドナーの援助を調整したり、被援助国と世界銀行の共同議長のもとで支援国会合を開き、ドナーと被援助国が援助の進め方について協議したりする。援助協調の進め方については、OECDのDACで話し合われ、その推進状況をフォローするため、途上国側との会議も開催されている。

III――中国の対外進出政策と日本の成長戦略

中国の対アフリカ援助

これに対し、中国はＤＡＣに加盟していないことから、援助協調に加わっていない。ＤＡＣに加盟せずとも、上記の支援国会合に参加して援助協調に加わることはできるのだが、中国はあえてそれに参加せず、伝統的なドナーと一線を画している。中国は自らを「援助国（ドナー）」とは呼ばず、あくまで他国との協力であるとしている。これは先進国による上から目線の援助に対する批判を込めて、平等互恵の原則を強調したものである。中国も途上国であるから、垂直的な関係ではなく水平的な関係であるというわけである。

しかし、中国が援助協調に加わらない本当の理由は、先進国が定めた援助のルールに縛られず、自由に国益を追求したいということである。ＯＤＡの定義を定めているＤＡＣでは、援助政策のあり方が議論され、援助政策の相互審査が行われている。そこでは、たとえば、アンタイドの原則が示されている。これは、開発援助を行う際には、援助物資やプロジェクトの調達先の国籍を自由に選べるようにするという原則である。これに対して調達先を援助国の企業に限定するのが、タイド（ひも付き）援助である。アンタイド化は競争入札によって、できるだけ経済的に事業を行えるようにするためである。特に有償資金協力の場合には、被援助国の債務返済負担を軽減するため、アンタイドが原則である。ちなみに、我が国の円借款では九割がアンタイドになっているが、中国の援助は一〇〇％タイドである。

これは、中国の近年の対外援助の目的が自国経済の発展の手段へと変化してきているためである。中国では中華人民共和国の成立直後から対外援助を開始し、一九七〇年代前半には、対外援助額の財政支出に占める割合は七％にも達した。当初は北朝鮮や北ベトナムといった周辺の社会主義国に対する援助から始まったが、アフリカ諸国の独立とともにアフリカ向けの援助も開始した。これは、中国が、第三世界のリーダーとして国際社会で主導権を握りたいという政治的な意味合いが強かったことを示している。中華人民共和国が台湾の中華民国政府に代わって、国連での代表権を獲得したのは、一九七一年である。その後、援助額が財政支出に占める割合は急速に低下し現在にいたっているが、近年の急速な経済成長に支えられて援助額自体は再び急増している。

中国はDACに加盟していないため、ODAに関する統計は十分整備されておらず、国際的に比較可能なものではないが、二〇〇九年の援助総額は二〇億ドルとしている。これは、無償、無利子借款、中国輸出入銀行（輸銀）への補助をあわせたものである。

アフリカにおける中国の援助は、従来は、大統領府（宮殿）・サッカー場・アフリカ連合本部ビル等モニュメント的な箱物が目立っていた。これは、中国の援助を誇示できる顔のみえる援助であるという理由からだが、中国自身、大規模な建築物を好むという習性も働いている。しかし最近では、中国企業の誘致に結びついた道路や上下水道などのインフラ整備が増えてきている。

中国は、二〇一一年四月『中国の対外援助白書』を初めて公表した。それによるとこれまでの援助の累計額は二五六三億元で、地域別ではアフリカ向けが四五・七%で最大となっている。二〇〇四年から二〇〇九年の年平均伸び率は二九・四%と急速に伸びている。内訳は、無償一〇六二億元、無利子融資七六五億元、低利融資七三六億元となっており、低利融資の対象の六〇%はインフラ整備、九%は石油などの資源開発となっている。これは累計額であるので、近年の使途の内訳とは違いがあるかもしれないが、中国企業進出のためのインフラ整備と資源獲得に援助を活用していることがみてとれる。

中国の経済協力額の推計

図4―2でみたように、DACの定義に基づく日本から途上国への資金フロー(二〇〇九年)は「ODA」、「その他政府資金(OOF)」、「民間資金」がそれぞれ一六五億ドル、一四〇億ドル、六〇九億ドルとなっている。DACの分類では援助性の高いものはODA、援助性の低い政府資金はOOF、商業ベースのものは民間資金に分類される。これと比較できる形で、中国からの資金フローを推計してみよう。

前項で援助総額とされた二〇億ドルは全額ODAにカウントされる。さらに、一九九五年の対外援助改革で導入された中国輸出入銀行による優遇借款はODAにあたると思われるが、その額は未公表である。

このほかに中国輸銀による輸出信用が約三〇〇億ドルある。これは商業ベースであれば、民間資金にあたり、政策的に補助されていれば、その他政府資金にあたると思われる。また、国家開発銀行による対外業務の規模が大きい。その外貨ローン残高は二〇〇九年末で九七四億ドルに上る。二〇〇九年の代表的な海外ローン案件は、ブラジル石油公社向けの一〇〇億ドル、ロシア・ガスプロム向けの二五〇億ドルである。さらに、直接投資五六五億ドルは民間資金にあたると思われる。ただし、これらの資金の流れのうち、どれだけが、DACが定める経済協力対象国向けなのかは不明である(DACではロシアは対象外)。

また残高ベースで、中国―ASEAN投資協力基金一〇〇億ドル、中国―アフリカ開発基金五〇億ドルがあるが、これらは援助ではなく投資ファンドである。さらに、国際開発金融機関への出資額は、世界銀行に五四億ドル、ADBに一〇七億ドル等であるが、これらは実際に出資を行った年に(マルチの)ODAにカウントされるものである。

二〇一一年一月に『フィナンシャル・タイムズ』紙は、中国の途上国支援について次のような記事を掲載した。

「中国の過去二年の途上国支援は世銀を上回り、中国経済の規模と天然資源確保へ向けた中国の動きを示すものとなった。『フィナンシャル・タイムズ』の調査によると、国家開発銀行と中国輸出入銀行の二〇〇九―二〇一〇年の途上国政府、企業向け融資契約額は少なくとも一一〇〇億ドルに達し、金融危機への対応として記録的な融資を実行した世銀の融資コミット額一〇〇三億ドルを上回った。融資先には、ロシア、ベネズエラ、ブラジルの石油関連、インド企業の電力設備購入、ガーナのインフラ案件やアルゼンチンの鉄道などが含まれる。世銀はこうした融資との競合を避けるため、中国政府との協力を模索しており、昨年中国を訪れたゼーリック総裁は、『東南アジアやアフリカといった途上国の援助について相互の知見をどのように活用していくことができるかがトピックの一つ』と語った。国家開発銀行と中国輸銀は中国政府の強いサポートを受け、世銀や他の貸し手よりも優遇条件を提示しているが、透明性は低く、両行とも海外融資の詳細は明らかにしていない。中国政府は、人民元を国際化するため、ベネズエラ向けの二〇〇億ドルの融資のうち、半分は人民元建てとしている。その他の外貨建て融資には外貨準備が使われている」

このように、中国の経済協力の実態は複雑かつ不透明である。

中国の対外進出政策の背景

これまでみたように、中国は、援助、貿易、投資の三位一体で対外進出を進めている。中国で「走出去」と呼ばれる対外進出政策は、エネルギーなどの天然資源と市場の獲得を目的としている。これは、中国社会の安定のために不可欠な高度成長を維持するためには、天然資源を確保することが至上命題であるためである。また、中国の企業や労働者がアフリカの奥地にまででかけていくのには、中国国内の過当競争や人口圧力のため、海外に押し出されているという側面がある（ただし、直近では沿海部で農民工〔出稼ぎ労働者〕の不足により、人口圧力が低下する一方で、労賃の上昇により労働集約型の産業の海外進出が加速されている）。

たとえば、アフリカのエチオピア全土で中国企業が驚くべきスピードで通信インフラの整備を進めることができるのは、多くの大卒の技術者を動員できるからである。中国国内ではなかなかよい職が見つからないが、エチオピアで働けば、その稼ぎを帰国後、住宅ローンの頭金にすることができる。中国では一人っ子政策のため、都市部では住宅を用意しないと結婚できない例が多くなっているのである。また、アフリカの現地の労働者から悪魔のように働くと恐れられる中国人の建設労働者は、中国の農村部から集められる。彼らも、故郷に残した家族に送金するために家族と離れて数年間を過ごすのである。一方、アフリカで事業を起こして成功し、そのまま定住する者も着実に増加している。アフリカ大陸に定住または長期滞在している中国人は二〇〇九年中に八〇万人を超えたと推定される。東南アジアでは華僑ネットワークが強固で、大中華圏（Greater China Area）を形成しているが、アフリカにも同様のネットワークが形成されて、事業活動を相互に助け合うようになっている。

このほかに、豊富な外貨準備を有効に活用するため、天然資源などの優良な海外資産に投資するとか、中国の企業を国際的なトップ企業にするという国家の威信をかけた狙いもある。その際、中国がアフリカなど途上国を主な投資先に選んでいるのは、対外直接投資において後発国である中国が、先進国との競争が少ないフロンティアを求めているという側面もある。欧米などの先進国においては、すでに先進国の多国籍企業が展開しているため、中国企業が入り込む余地が少ないのである。

この結果、二〇〇九年には、中国の対外直接投資は、五六五億ドルの多額に上っている。そして、対外建設プロジェクトはフルセット型（設計、建設、引渡しまでを一貫して行う建設事業）が一二六二億ドル、労務協力（労働者派遣）が七四億ドルであり、このうちアフリカ向けがそれぞれ、四三六億ドル、四億ドルとなっている。

中国の対アフリカ経済協力の評価

中国のアフリカへの経済進出は二〇〇〇年代以降、アフリカの経済成長の一つの牽引力となっている。また、中国による一次産品の需要の増大が一次産品価格を押し上げ、アフリカの成長にプラスになっている面もある。しかし、この一次産品価格の上昇は、資源に乏しい最貧国や、資源国の中でもその恩恵に浴さない貧困層の生活を一層圧迫している。

また、中国が貿易や投資面で進出できたのは、先進国が途上国の債務削減を行ったからである。中国自身も個別に債務削減を行っているが、国際的な取り組みに参加していないので、その評価はできない。さらに、先進国が途上国とのパートナーシップによって被援助国のガバナンスの改善を働きかけてきたことも重要である。たとえば、政策の改善を債務削減の条件としてきた。また、世銀グループの国際開発協会は、各国の政策環境を評価して、それに基づいて援助資金を重点配分してきた。

しかし、中国は、援助に条件をまったく課していない。民主主義を含むよいガバナンスを援助の条件とすることに反対だからである。また、ダルフールで虐殺を行っていたスーダンに対して国際社会が経済制裁を課している最中にも、中国は石油を確保するため、援助を続けてきた。

中国によるインフラ整備や資源開発は成長を加速させる一方で、問題や副作用も生んでいる。まず、中国の援助はタイドであり、中国企業が受注する上、労働者まで中国から連れてくる。これでは、地元の企業が育たず、雇用も生まれない。また、鉱山開発においては劣悪な労働条件から争議が起こっている。結果をすぐに出す中国の支援は為政者にとっては都合がよいが、環境破壊など住民には被害を及ぼすことも多い。そこで、ザンビアなど政権が交代すると中国に対する反発が一気に高まる例が出ている。

中国との援助協調

中国は現在、対外援助のあり方に関して研究・模索している時期にある。中国が援助を足がかりとして、アフリカに進出するやり方は、日本が東南アジアに進出した方式を真似たものだという見方もある。日本も東南アジアが経済離陸する過程で、経済進出に対する反発などを経験しており、中国のよき相談相手になる素地はある。開発戦略として、インフラ整備による経済成長の促進を重視する点も共通している。

中国のアフリカ進出に反発していた伝統的ドナーも中国との協調を模索している。英国の国際開発庁（DFID）は中国がアフリカで実施する道路インフラの整備に対し、環境社会配慮等の強化の点で協力している。また米国の国際開発庁（USAID）も米中戦略経済対話などの機会を利用して、援助分野で具体的な協力を進めようとしている。

我が国でもハイレベル経済対話等で、両国協力案件を組成することが望ましい。たとえば、JICAプロジェクトにおける環境評価のノウハウを共有するのも一案だろう。日本はブラジル等との間で三角協力（先進国ドナーと途上国ドナーが協力して第三国を援助すること）の経験も豊富である。また、各省、関係機関が中国側カウンターパートとの対話と情報収集を進め、世界各地の在外公館で情報を収集し、中国の援助の実態把握に努め、情報を共有する必要がある。

さらに、援助協調をG20の重要議題にすることが望ましい。中国だけでなく、ブラジル、インドもそれぞれ、新興ドナーとして、南南協力（途上国から途上国への援助）を行っている。先進国と新興国がともに参加するG20で援助協調を話し合うことができれば、新たな国際協調の成果として世界経済に重要な貢献となろう。

日本の成長戦略

日本は他の先進国が援助疲れからアフリカへの関心を低めた一九九三年に第一回「アフリカ開発会議」（TICAD）を開催して、アフリカ支援の必要性を世界に訴えた。日本はアフリカにおいて人道的な見地から、保健・医療・教育などの社会セクターから農村電化などのインフラ整備にいたるまで重要な貢献をしてきている。JICAの援助は各国で高く評価されている。日本が遅れをとっているのは直接投資であり、日本からの投資に対するアフリカ諸国の期待は高い。

日本企業は高い技術力とブランド力を持っている。高い技術力は資源開発の分野などで活かせる。また、悪路の多いアフリカでは故障の少ない日本車はトップブランドである。これまで、アフリカの市場規模は小さかったが、人口増加率が高いので、経済成長を持続できれば、急速に重要な市場となっていく。さらにビジネスを通じて低所得層のニーズを満たし社会貢献を行うＢＯＰ（Base of the Pyramid）ビジネスも視野に入れるべきである。ＢＯＰビジネスとは一人当たり年間所得が三〇〇〇ドル以下の低所得層を市場として開拓するビジネスで、全世界では四〇億人が対象である。現地の条件にあったビジネスを行うため、現地企業やＮＧＯなどとも協力しながら進める必要がある。こうしたＢＯＰビジネスを支援するため、ファンドの組成や援助申請手続きの支援を行うべきである。

また、中国が国策として猛烈な勢いで資源と市場の確保に邁進するのに遅れをとらないように、我が国も官民の連携を早急に強化すべきである。中国はロシア、中南米、中東、アジアなど全方位で精力的な首脳外交を展開している。また、在外公館が企業と現地政府との橋渡しをし、政府系の金融機関による融資で強力に支援している。

我が国もまず、全方位で首脳外交を強化すべきである。さらに、援助における官民連携を進めるとともに、貿易や投資の面でも、企業の進出を一層後押しする必要がある。その点、法改正によって、国際協力銀行（ＪＢＩＣ）が日本企業の海外進出やインフラプロジェクトに対する支援を強化できるようになったので、その積極的な活用が期待される。

また、八月二四日には、円高対応緊急パッケージが発表され、一〇〇〇億ドルの円高対応緊急ファシリティーが創設された。これは、外国為替資金特別会計のドル資金を、ＪＢＩ

Cを経由して活用し、公的部門によるリスクマネーの供給や政策融資を行うものだ。これにより、日本企業による海外企業の買収や、資源・エネルギー確保などを促進し、民間円資金の外貨への転換の呼び水とするものである。こうして、円高メリットを活かし、海外の優良資産を取得する民間の投資を側面支援することができる。すでに、日本企業による海外向けM&A(合併・買収)は記録的な額に達しており、日本企業による資源開発も活発に進められている。先進国・新興国ともに、近年、政策融資を大幅に強化している。我が国もこうした潮流に乗り遅れることなく、政策融資による信用補完の選択肢を用意することによって、ハイリスクの巨大プロジェクト案件において、国際競争力を確保する必要がある。

さらに、JOGMEC(石油天然ガス・金属鉱物資源機構)を活用してレア・アースの開発などを進めるべきである。レア・アースについては、中国が輸出量を制限し、価格を人為的に引き上げたため、現在、世界中で鉱山開発やリサイクル、代替技術の開発などが市場主導で進んでいる。これは喜ばしいことだが、そもそも中国がレア・アースの生産を独占するにいたったのは、環境規制や労働規制が緩い中国で、レア・アースの生産コストが低かったために、外国の事業者が市場から撤退したからである。市場だけではうまくいかなかった例であり、リスク分散のため、今後も公的な支援が必要である。二〇一二年度予算案には、天然ガスの権益獲得など資源確保のために、七〇〇億円が計上されている。

また、JICA、JBIC、民間企業連合等が相互によく連携して、官民一体となって、資源開発やインフラプロジェクト等を進めるべきである。その際、プロジェクトが環境や社会に与える影響を把握するため、地域のコミュニティーやNGO等とも協力する必要がある。

ベトナムではレア・アースの開発と原発輸出の商談が進展している。また、石炭、天然ガス等資源が豊富であり、ASEANのGDPの四割を占めるインドネシアも有望な協力先である。資源開発やインフラ整備において、我が国の高度な技術を利用できる経済協力案件が山積みである。また、最近、人権問題で明るい兆しが出てきたミャンマーに対して経済協力を再開できれば、勤勉かつ安価で親日的な労働力を求めて、日本企業の進出が相次ぐであろう。

以上、中国の動きを参考にして、今後、我が国が経済協力を成長戦略の柱にすえていくべき方策を述べてきた。しかし、中国と競争するだけでなく、協調することも同じくらい重要である。資源エネルギー問題についても、中国における省資源の取り組みにビジネスとして協力することが、日中双方にとって成長と繁栄への道である。

また、中国に集中している投資リスクを分散するため、インドやブラジルをはじめとした新興国との経済関係を強化することが必要である。伝統的に関係の深いアジアだけでなくラテンアメリカやアフリカに目を向けて、援助、貿易、投資の有機的連携を図ることが、日本の成長戦略の柱となる。さらに、世界中からの留学生の受け入れや大学の国際化を進めることが重要である。ODAで途上国から留学生を受け入れることによって開発に貢献するとともに、日本のよき理解者を育てることができる。政府関係者であれば、日本企業の投資や課税・通関などの環境整備に役立つ可能性がある。また、ベトナムなど人材がボトルネックになっている国で、ODAを活用して大学で日本語教育を行うことにより、日系企業に優秀な人材を確保することができる。

おわりに——日本は生き残れるか

前著『通貨で読み解く世界経済』の「おわりに」は、「ヨーロッパの火薬庫」で始まる。そして、今まさに、ユーロが火を噴いている。前著では、欧州の通貨統合は、経済的な利便性を越えた、より高次の政治的目的に基づいた出来事だと書いた。いわば、経済合理性という重力に反した動きであったわけだが、そのユーロを維持する肝心の政治的意思が揺らいでいる。欧州統合の理想が、各国の利害という現実の前に色褪せてみえる。

本書を書き始めたのは、二〇一〇年一一月である。米国で量的緩和の第二弾（QE2）が発動され、ドル安が通貨戦争を引き起こしていた。我が国でも円高が進み、株価が一層下落した。しかし、それに対する経済政策論争は混迷を極めていた。曰く、①人口が減少する日本では、マクロ政策ではデフレを脱却できない、②米国の金融緩和によってドルが安くなるので、円高は避けられない、③日本では低金利なので財政再建の必要はない、などである。どの主張もそれをサポートするのに都合のよいデータをもってくることができる。具体的にデータを示して要領よく解説されると、その論理のシンプルさと結論のユニークさから、つい、なるほどと納得させられてしまう。それだけに、危険である。

どれも物事の一面しかみていない。経済学用語では、部分均衡という見方である。物事の両面をみることで、簡単に反駁できる。

①人口が減少して、物を買う人が減る時には、同時に物を作る人も減る。人口減少は論理的に考えて長期的なデフレの要因にはならない。先進国において、少子化が進行し人口が減少するのは珍しいことではないが、長年デフレに苦しんでいるのは日本だけである。仮に、人口減少によって、マクロ的に需給ギャップが生じデフレになる場合には、一層の金融緩和によってマクロの需要を刺激すればよい。

②米国の通貨発行量の増大によってドルが安くなるのなら、日本の通貨発行量の増大によって円が安くなるはずである。米国はデフレに陥るのを避けるために、金融を緩和している。ところが、日本はすでにデフレに陥っている。どちらがインフレを引き起こすことなく通貨発行量を増大させる余地が大きいだろうか。

③日本の低金利は、経済成長の低迷による均衡実質金利（需給ギャップが解消する実質金利）の低下とデフレによるインフレ期待の低下を反映している。名目金利からインフレ期待を引いた現実の実質金利は、経済の実力を反映した均衡実質金利と比べると高く、政府の実

質的な債務負担は重い。そのため、財政の持続可能性が疑問視され、民間の投資や消費が抑制されている。低金利がいつまでも続くと考えて、政府も民間も借入を膨らませた欧州では、今、市場の反乱を受けている。金利が上昇してから財政再建したのでは手遅れである。

本書は、東京大学の公共政策大学院で、大学院生向けに行った授業に基づいている。授業では、世界金融危機や日本の開発援助などを取り上げた。若い学生達とのやり取りは刺激的で、多くのことを学んだ。日本で今一番危機感を持っているのは、就職を控えた学生達なのではないだろうか。バブルが崩壊してから二〇年あまり、再び、デフレに陥ってしまった日本で、社会に一歩を踏み出さなければならない厳しい現実がそこにある。財政再建や社会保障改革に関する議論は真剣そのものである。このままでは、日本が立ち行かなくなることを肌で感じているからである。

しかし、学生達の目は海外に開かれている。国際貢献に対する関心は高い。日本が成長していくためには、世界に伸びていくことが必要であるというのが本書のテーマである。公共政策大学院には、先進国、途上国を問わず、日本に関心を寄せる学生達が世界中から集まって来る。中国やアジアの多くの学生が、私の授業を受講してくれた。中国のアフリカ援助も授業で取り上げたが、内外の学生の発表はよく準備されていて、勉強になった。

本書では、中国に多くのページを割いた。経済が減速したといっても九％台の成長率、財政収入は年三〇%も増大している中国経済はまさに無敵のようにみえる。また、そのアフリカへの進出の勢いは凄まじい。勢い、中国の動向について批判的な書き方になってしまったが、もとより、中国脅威論を吹聴して、日中の対立を煽るつもりはない。むしろ、中国のバイタリティーに日本が学んで、国家戦略を立て直してほしいと願うのみである。

二〇一一年八月から、IMFの国際経済コンサルタントとして、シンガポールでアジアの経済官庁や中央銀行の職員向けに、経済政策の授業を行っている。財政のマクロ的含意に関する二週間の研修では、財政の持続可能性や経済の安定化、成長の促進などを扱った。GDPの二倍の政府債務を抱える日本の一〇年物国債金利が一%を切るのは世界の七不思議の一つといっても過言ではない。インド、バングラデシュなどの政府関係者の質問は鋭い。また、ブータンやモンゴルの官僚が国造りにかける情熱は熱い。

シンガポール財務省の課長がレクチャーしてくれたが、「シンガポールは何の資源もない小国なので、健全財政を維持するのが国家の生命線である」という指摘が耳に痛い。シンガポールでは、財務省の権限が強い。各省庁の予算には、平準化したGDP成長率の四〇%の伸びが認められるが、残りの六〇%分は各省庁が競い合うのを、メリットに基づいて財務省が決定するほか、各省庁の職員数やオフィス・スペースにかかる経費を管理することになっているとのことである。財務大臣は、副首相で人材開発大臣を兼任している。政府はGD

P比一〇〇%を超える純資産を保有しているが、その取り崩しには大統領の許可が必要であり、今回の世界金融危機を含め、これまで、取り崩されたことはない。投資収益の半分は毎年の財政支出に回すことができるが、それだけでも財政支出の一〇%から一七%程度を賄うことができる。米議会の混迷ぶりと対照的である。

本書の執筆にあたり、東京大学公共政策大学院の長谷川浩一教授、財務省国際局の岡村健司開発政策課長、栗原毅地域協力課長、目黒克幸調査課長、国際調整室や米山泰揚参事官室補佐から有益な示唆や資料をいただいた。また、飯塚正明開発機関課補佐が、学生向けに行った講義の資料を一部、本書に使わせていただいた。中国については、在中国日本国大使館の柴田聡参事官、金融規制については、東京大学公共政策大学院の天谷知子教授と金融庁の大矢俊雄国際担当参事官から、貴重なコメントをいただいた。また、海外にいても最新の経済ニュースが入手できる日経の電子版は重宝した。なお、多くの文献を参考にしたが、特に第2章と第4章については中尾武彦氏の論考に多くを負っている。ただし、本書はすべて筆者個人の見解であり、これまでに筆者が属した機関の見解ではない。

そして、本書の企画段階から折に触れて適切な助言をいただいた中央公論新社の郡司典夫氏と太田和徳氏には、感謝の念でいっぱいである。紙面の都合でこれ以上は割愛するが、本書のために時間を割いていただいたすべての方、そして何より、ここまで読んでくださった読者の方々に厚くお礼を申し上げたい。

二〇一二年一月五日

中林伸一

●第 4 章
中尾武彦［2005］「我が国の ODA と国際的な援助潮流——特に国際金融の視点から（前編）・（後編）」、『ファイナンス』1 月号・3 月号
外務省［2011］『政府開発援助（ODA）白書』: http://www.mofa.go.jp/mofaj/gaiko/oda/shiryo/hakusyo.html
西垣昭、下村恭民、辻一人［2009］『開発援助の経済学——「共生の世界」と日本の ODA（第 4 版）』有斐閣
浦田秀次郎、小川英治、澤田康幸［2011］『はじめて学ぶ国際経済』有斐閣
鈴木孝憲［2010］『2020年のブラジル経済』日本経済新聞出版社
青木一能［2011］『これがアフリカの全貌だ——貧しい国が一転、豊かな国へ！』かんき出版
峯陽一、武内進一、笹岡雄一編［2010］『アフリカから学ぶ』有斐閣
白戸圭一［2011］『日本人のためのアフリカ入門』ちくま新書
「NHK スペシャル」取材班［2011］『アフリカ——資本主義最後のフロンティア』新潮新書
セルジュ・ミッシェル、ミッシェル・ブーレ著、中平信也訳［2009］『アフリカを食い荒らす中国』河出書房新社、
谷口正次［2011］『教養としての資源問題——今、日本人が直視すべき現実』東洋経済新報社
ポール・コリアー著、中谷和男訳［2008］『最底辺の 10 億人——最も貧しい国々のために本当になすべきことは何か？』日経 BP 社
ジェフリー・サックス著、鈴木主税・野中邦子訳［2006］『貧困の終焉——2025 年までに世界を変える』早川書房

●第2章

中尾武彦［2010］「グローバル金融危機への国際的対応――G20金融サミット等における議論と今後のマクロ政策及び金融規制のあり方」、池尾和人責任編集、特集「金融危機を超えて」、『フィナンシャル・レビュー』第3号、pp22-57

馬田啓一、木村福成、田中素香編著［2010］『検証・金融危機と世界経済――危機後の課題と展望』勁草書房

植田和男編著［2010］『世界金融・経済危機の全貌――原因・波及・政策対応』慶應義塾大学出版会

［2011］『金ドル資本主義』『エコノミスト』臨時増刊11月14日号毎日新聞社

竹森俊平［2010］『中央銀行は闘う――資本主義を救えるか』日本経済新聞出版社

●第3章

Independent Evaluation Office of the International Monetary Fund ［2011］ *IMF Performance in the Run-Up to the Financial and Economic Crisis: IMF Surveillance in 2004-07*

岡村健司編、武藤功哉、梅村元史他［2009］『国際金融危機とIMF』大蔵財務協会

J. D. Ostry, A. R. Ghosh, K. Habermeier, M. Chamon, M. S. Qureshi, and D. B. S. Reinhardt ［2010］ *Capital Inflows : The Role of Controls,* IMF Staff Position Note SPN/10/04 : http://www.imf.org/external/pubs/ft/spn/2010/spn1004.pdf

IMF ［2011］ Global Financial Report, September

カーメン・M・ラインハート、ケネス・S・ロゴフ著、村井章子訳［2011］『国家は破綻する――金融危機の800年』日経BP社

◎主要参考文献

●第１章

小林正宏、中林伸一［2010］『通貨で読み解く世界経済——ドル、ユーロ、人民元、そして円』中公新書

松林洋一［2010］『対外不均衡とマクロ経済——理論と実証』東洋経済新報社

宮原隆、清水茂夫、岡村健司［2011］「2011年後半の G7、G20 等の国際会議について」『ファイナンス』11月号

藤田昌久、若杉隆平編著［2011］『グローバル化と国際経済戦略』〈経済政策分析のフロンティア〉第３巻、日本評論社

渡辺利夫、21世紀政策研究所監修、朱炎編［2010］『国際金融危機後の中国経済——内需拡大と構造調整に向けて』勁草書房

金京拓司［2011］『為替レート制度選択の経済分析——東アジア持続的成長の条件』東洋経済新報社

柴田聡［2010］『チャイナ・インパクト』中央公論新社

有吉章編［2003］『図説国際金融（2003年版）』財経詳報社

青木健、馬田啓一編著［2010］『グローバリゼーションと日本経済』文眞堂

石井菜穂子［1990］『政策協調の経済学』日本経済新聞社

C. F. バーグステン、W. R. クライン著、奥村洋彦監訳［1986］『日米経済摩擦——為替レートと政策協調』東洋経済新報社

黒田東彦編著［1989］『政策協調下の国際金融——「プラザ合意」以後の転換と為替変動』金融財政事情研究会

坂井昭夫［1991］『日米経済摩擦と政策協調——揺らぐ国家主権』有斐閣

J. A. フランケル、服部彰編著［1992］『1990年代の国際政策協調』同文館出版

中林伸一（なかばやし・しんいち）

1963年（昭和38年），山口県に生まれる．IMF国際経済コンサルタント．1986年，東京大学経済学部卒業，大蔵省入省．1990年，オックスフォード大学経済学修士号取得．OECD日本政府代表部一等書記官，IMFアジア太平洋局審議役，東京大学公共政策大学院教授等を経て，2011年より現職．

著書『通貨で読み解く世界経済』（共著，中公新書，2010年）ほか

論文 "The Reform of the Lao Banking System", 2006 ほか

G20の経済学《けいざいがく》
中公新書 *2145*

2012年１月25日発行

著　者　中 林 伸 一
発行者　小 林 敬 和

本文印刷　暁　印　刷
カバー印刷　大熊整美堂
製　　本　小 泉 製 本

発行所　中央公論新社
〒104-8320
東京都中央区京橋 2-8-7
電話　販売 03-3563-1431
　　　編集 03-3563-3668
URL http://www.chuko.co.jp/

Published by CHUOKORON-SHINSHA, INC.
Printed in Japan　ISBN978-4-12-102145-8 C1233

中公新書刊行のことば

一九六二年一一月

いまからちょうど五世紀まえ、グーテンベルクが近代印刷術を発明したとき、書物の大量生産は潜在的可能性を獲得し、いまからちょうど一世紀まえ、世界のおもな文明国で義務教育制度が採用されたとき、書物の大量需要の潜在性が形成された。この二つの潜在性がはげしく現実化したのが現代である。

いまや、書物によって視野を拡大し、変りゆく世界に豊かに対応しようとする強い要求を私たちは抑えることができない。この要求にこたえる義務を、今日の書物は背負っている。だが、その義務は、たんに専門的知識の通俗化をはかることによって果たされるものでもなく、通俗的好奇心にうったえて、いたずらに発行部数の巨大さを誇ることによって果たされるものでもない。現代を真摯に生きようとする読者に、真に知るに価いする知識だけを選びだして提供すること、これが中公新書の最大の目標である。

私たちは、知識として錯覚しているものによってしばしば動かされ、裏切られる。私たちは、作為によってあたえられた知識のうえに生きることがあまりに多く、ゆるぎない事実を通して思索することがあまりにすくない。中公新書が、その一貫した特色として自らに課すものは、この事実のみの持つ無条件の説得力を発揮させることである。現代にあらたな意味を投げかけるべく待機している過去の歴史的事実もまた、中公新書によって数多く発掘されるであろう。

中公新書は、現代を自らの眼で見つめようとする、逞しい知的な読者の活力となることを欲している。

経済・経営

中公新書

政治・法律

h1

中公新書

政治・法律

h 2

108 国際政治　高坂正堯
1686 国際政治とは何か　中西寛
1106 国際関係論　中嶋嶺雄
2114 世界の運命　ポール・ケネディ　山口瑞彦訳
1899 国連の政治力学　北岡伸一
2133 文化と外交　渡辺靖
113 日本の外交　入江昭
1000 新・日本の外交　入江昭
1825 北方領土問題　岩下明裕
2068 ロシアの論理　武田善憲
1727 ODA（政府開発援助）　渡辺利夫　三浦有史
1767 アメリカ大統領の権力　砂田一郎
1751 拡大ヨーロッパの挑戦　羽場久浘子
1652 中国 第三の革命　朱建栄
1846 膨張中国　読売新聞中国取材団
2106 メガチャイナ　読売新聞中国取材団

中公新書

社会・生活

1242 社会学講義　富永健一
1600 社会変動の中の福祉国家　富永健一
1910 人口学への招待　河野稠果
1914 老いてゆくアジア　大泉啓一郎
1950 不平等国家 中国　園田茂人
760 社会科学入門　猪口 孝
1479 安心社会から信頼社会へ　山岸俊男
2070 ルポ 生活保護　本田良一
2121 老後の生活破綻　西垣千春
1911 外国人犯罪者　岩男壽美子
1894 私たちはどうつながっているのか　増田直紀
2100 つながり進化論　小川克彦
2138 ソーシャル・キャピタル入門　稲葉陽二
1814 社会の喪失　市村弘正 杉田敦
2037 社会とは何か　竹沢尚一郎
1740 問題解決のための「社会技術」　堀井秀之
1537 不平等社会日本　佐藤俊樹
1747 〈快楽消費〉する社会　堀内圭子
1414 化粧品のブランド史　水尾順一
1401 OLたちの〈レジスタンス〉　小笠原祐子
265 県民性　祖父江孝男
1597 〈戦争責任〉とは何か　木佐芳男
1966 日本と中国――相互誤解の構造　王敏
1164 在日韓国・朝鮮人　福岡安則
1269 韓国のイメージ（増補版）　鄭大均
1861 在日の耐えられない軽さ　鄭大均
702 住まい方の思想　渡辺武信
895 住まい方の演出　渡辺武信
1540 快適都市空間をつくる　青木仁
1918 〈はかる〉科学　阪上孝 後藤武編著